平和への道
─国際交流の絆─

佐藤勇治
YUJI SATO

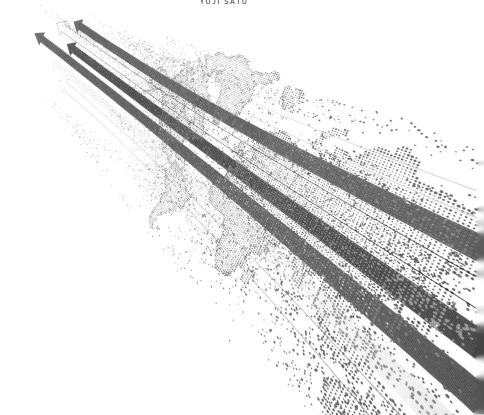

はじめに

　人類の誕生から約700万年が経過しましたが、世界の至る所で今日に至るまで、一日たりとも争いのない日はなかった、と言っても過言ではないのではないでしょうか。小さな個人的な対立はもちろん、国や地域単位の争いに至るまで、多種多様な争いが起きてきました。明治維新以降の、日本の近代史の主な争いを振り返るだけでも、日清戦争(1894年－1895年)、日露戦争(1904年－1905年)、第一次世界大戦(1914年－1918年)、満州事変(1931年)、日中戦争(1937年－1945年)、太平洋戦争・大東亜戦争(1941年－1945年)と、6つも戦争を行いましたし、第二次世界大戦以降の世界では、イスラエル建国後のパレスチナ人との中東戦争(1949年－1973年までに断続的に4回の戦争)、朝鮮戦争(1950年－1953年)、冷戦下のベトナム戦争(1955年－1975年)、ユーゴスラビアの崩壊に伴うユーゴスラビア紛争(1991年－2001年)、旧ソ連の介入と撤退後の混乱と関係したアフガニスタン紛争(2001年－2021年)と枚挙に暇がありません。近年ではロシアのウクライナへの侵略戦争(2022年－現在)、イスラエルとパレスチナの紛争の再発(2023年－現在)が起きています。

　上記のように私たちの住む世界には、あまりにも多くの争いがあります。そして何年経ても、何回経験しても、このような争いを作り出す人間の邪悪さや愚かさに、絶望にも近いような落胆を禁じ得ません。しかしながら、本書はこのような落胆を希望に変えることを願って書いたものです。その根底には、人類の誕生以来紆余曲折を経ながらも、「人類は進歩している」との想いを持っているからです。つまり「人間には善と悪の両面」があり、「争いを起こす能力と同様に平和を作る能力」も有していると信じるからです。それは人類史を振り返ると、たくさんの問題に直面し、様々な争いにおいて破壊行為・殺人行為を行

いながらも、政治や経済の思想やシステムが改善され、国内外での協力支援体制や、国際問題を国際連合と専門機関のような国際機関で協議し、解決の努力をする体制も整備され、科学技術の進歩が通信・交通・建設・教育・医療などあらゆる人間生活の向上をもたらしているからです。人間の行いは悪いことばかりでなく、良いこともたくさんあるのです。

このような理解に基づき本書では、どうしたらこれまでのような争いを減らし、平和な未来を構築できるのかについて述べています。第一章では、争いの原因とその解決策について、いくつかの類型を示しながら説明しています。次に第二章では、命を救い救われた関係が永続的な「感謝と心の絆」を築き、国家間の良好なる関係構築に寄与した事例を紹介します。続く第三章では、短期滞在も含めた留学交流がもたらす「友情」と、その延長上にある平和への貢献について述べています。第四章では、国際協力と支援が人の心にもたらした「信頼」が紡ぐ平和について学びます。そして第五章では平和を構築する条件を7つの観点（人的交流・教育・外交・国際機関・NGO・NPO・宗教）から考察しています。最後の第六章では、全体の総括として平和な未来に向けて、私たちはどのような姿勢と理念で、世界の現状を踏まえて、平和構築の取り組みをするべきかを述べています。

本書をご覧になる方が、人間の善なる心とその心が生み出す平和創造の力を理解され、平和な未来を作る営みに、ご一緒に取り組んでいただければ、著者の望外なる喜びとなります。どうか日々の生活の中で、また国際的な交流の中で、この営みを実践していただきますことを心から願っております。

最後に本書の出版にあたり、熊本学園大学海外事情研究所のご支援をいただきましたので、ここに心からの御礼を申し上げます。

2025年3月
佐　藤　勇　治

目　次

はじめに	3
第一章　人間と争い	7
第一節　争いの原因	8
(1)　個人的な好き嫌い	8
(2)　平等性の欠如	9
(3)　憎悪の連鎖	10
(4)　欲望の帰結	11
(5)　価値観の相剋	12
(6)　宗教的対立	13
第二節　争いの解決策	17
1.　国内の争いの場合	17
(1)　仲裁による和解	18
(2)　調　停	18
(3)　裁　判	19
2.　国際間の争いの場合	19
(1)　協　定	19
(2)　NGO / NPO の介在	20
(3)　第三国の介入	20
(4)　国際連合（UN：United Nations）の介入	21
(5)　国際司法裁判所	21
(6)　武力解決	22
第二章　救命が紡ぐ友情	25
第一節　エルトゥールル号の救難	26
第二節　ポーランド人孤児の救出	32
第三節　オトポール事件	39
第四節　カウナスの命のビザ	45
第五節　駆逐艦「雷」の英兵救助	51
第三章　留学交流の実り	63
第一節　ニミッツ（Nimitz）とキング（King）	64
第二節　周恩来の日本留学	68
第三節　AFS 留学	77
第四節　Fulbright 留学	84

第四章　国際協力と支援の成果 …………………………………… 91
　第一節　中村哲医師の貢献 ………………………………………… 92
　第二節　JICA の貢献 ……………………………………………… 102

第五章　平和構築の条件 …………………………………………… 107
　第一節　人的交流 …………………………………………………… 108
　　1．教育交流 ……………………………………………………… 109
　　2．スポーツ交流 ………………………………………………… 112
　　3．文化交流 ……………………………………………………… 114
　　4．学術交流 ……………………………………………………… 116
　第二節　教　育 ……………………………………………………… 118
　　⑴　個人の教育と国民教育 ……………………………………… 118
　　⑵　平和教育 ……………………………………………………… 121
　第三節　外　交 ……………………………………………………… 128
　第四節　国際機関 …………………………………………………… 142
　　1．国連機関 ……………………………………………………… 142
　　⑴　ユネスコ ……………………………………………………… 142
　　⑵　UNHCR ……………………………………………………… 144
　　2．非政府組織（NGO） ………………………………………… 148
　　⑴　赤十字社（The Red Cross）……………………………… 148
　　⑵　アムネスティ・インターナショナル（Amnesty International）… 150
　　⑶　セーブ・ザ・チルドレン（Save the Children）………… 152
　　⑷　ジャパンプラットフォーム（Japan Platform）………… 153
　　3．非営利組織（NPO） ………………………………………… 154
　第五節　宗　教 ……………………………………………………… 155

第六章　平和な未来のために ……………………………………… 161
　第一節　姿勢・理念 ………………………………………………… 162
　第二節　世界の状況 ………………………………………………… 166
　第三節　平和構築の取り組み ……………………………………… 168
　　1．3つのアプローチ …………………………………………… 168
　　2．教　育 ………………………………………………………… 169

参考文献 ……………………………………………………………… 173

おわりに ……………………………………………………………… 176

第一章　人間と争い

怨みに報いるに徳を以てす

老　子

この世に人間が誕生して約700万年と言われていますが、人の世は古今東西、どの時代にもどの国や地域にも争いが絶えません。争いも個人的な喧嘩のレベルから、国家間の戦争に至るまで多種多様なものがあります。争いが起きる度に何らかの犠牲と損害が生じます。その犠牲や損害の程度に応じて、人の心に不愉快な思い・嫌悪・憎悪・怨念・復習心といった様々な感情を引き起こします。そしてこのような感情への反応として、人は他者を無視したり誹謗したり中傷したり等の言動から、経済制裁や物理的な軍事攻撃による殺戮と破壊に至るまで様々な行動をとります。

　このように人間は常に争いに関わり、争いを好み、悪に満ちているような存在ですが、一方で他者に好感を抱き、愛情を注ぎ、弱者を擁護し、困難に直面する人を救済するといった善なる心を有するのも人間です。この不思議な両面性を持つ人間の世から、争いを減らし、より平和で安心して暮らすことができる世界を築くためにはどうすればよいのでしょうか。この問いに対する答えを探すために、本章では人間と争いの関係を、いくつかの事例を通じてその原因と解決策の視点から見てみることにします。

第一節　争いの原因

(1) 個人的な好き嫌い

　人は多様な存在です。男性・女性という区別、年齢の高低による区別、性格の違いによる区別、世界観や価値観の違いによる区別、言語や宗教や文化の違いによる区別など、同じ人間どうしでも様々な違いがあります。このような違いを持つ人間が、家庭や地域社会や職場での暮しの中で、いろいろな接触や交流を行うと、相手の言動や性格も含めた人間性が好きになれることもあれば、嫌いになることもありま

　　　　　　　　　　　　　　　　　　　　第一章　人間と争い

す。また嫌いとまでは行かなくても、相手の考え方を受け入れることができないということもあります。

　好きになれる場合に争いは起きませんが、嫌いになったり考え方が異なる場合は、何かにつけて争いが生じる可能性が出てきます。家族の場合であれば、子育てのやり方に関する夫婦間の考え方の違いが、感情的な摩擦を引きおこすこともありますし、遺産相続をめぐる兄弟間の争いに発展することもあります。学校であれば、友人の輪が広がらないとか、いじめの加害者あるいは被害者になるかもしれません。職場であれば、仕事を遂行するうえでのチームワークがうまく機能せず、期待通りの成果が得られないという結果をもたらすかもしれません。

(2)　平等性の欠如

　基本的人権の中に謳われている、大切な人権の一つは「人間の平等」です。日本国憲法も第14条に「法の下の平等」が規定されています。自然法思想[1]や社会契約論[2]を経て成立した民主的な近代法の下で暮らしている私達には、極めて当然のことのように思えますが、人類がこの概念を実装できたのはそう遠い昔の話しではありません。1776年のアメリカ独立革命においては、宗主国イギリスの支配から自由になり独立国家として対等な立場を手にいれ、1789年のフランス革命においては、身分制社会から解放され、市民が平等になる第一歩を踏み出しましたが、このような出来事を経て、法的平等という概念とその実現がはかられてきたのです。

　ただ、平等な社会の実現は法律を制定すれば済むものではなく、普段の努力によって果たされるものです。アメリカの場合は、一つの例として黒人差別に対処する公民権法[3]の成立があります。1863年にリンカーン大統領（Abraham Lincoln）によって、「奴隷解放宣言」がなされましたが、その後も黒人差別はJim Craw法[4]や分離政策[5]のようなもので継続し、1950年代から60年代にかけて展開された「公民権運

動」[6]の成果として成立した「公民権法」の登場までは、実効性のある平等は確保されていませんでした。日本の場合も、戦前の大日本帝国憲法下では、女性に参政権がないなどの不平等が多く、1946年に発効した日本国憲法によって、男女平等が初めて実現しました。

平等性を欠く社会では様々な点で人の心に不満を生みます。

(3) 憎悪の連鎖

他者を攻撃し、物理的にも精神的にも相手を傷つけたい、あるいは破壊したいという感情は、相手に対する憎悪が根底にあります。それは、相手によって自分の大切にしている人や物が傷つけられたり、破壊されたりしたことがあるからです。逆に他者から大切にしてもらったり、恩恵を受けたりする場合は、相手に対するこのような否定的な感情は生じません。そしてこの憎悪の感情は、相手が自分と同様の損害を被り、衰退したり没落したりするまで長く残るものでもあります。

日本の例を一つあげるならば、大東亜戦争・太平洋戦争末期にポツダム宣言[7]を受入れ、日本が降伏の体制に移行する時、当時のソ連(現在のロシア)が、日ソ不可侵条約がまだ有効であったにも関わらず、ヤルタ会談での密約[8]に従って、1945年8月9日に満州・千島列島・南樺太に突然侵攻し、多大な犠牲者を出したことと、8月15日の終戦(正式な連合国への降伏は9月2日)以降に満州・中国に残留していた日本兵を約60万人もシベリアに抑留し、過酷な生活環境の中で建設作業などの強制労働に従事させ、そのうちの約5万人が死亡するという悲劇に対して、日本人は補償も謝罪もしないソ連人(ロシア人)に対し、深い憎悪の念を抱いてきました。戦後は日本が平和主義の憲法を掲げたことや、再軍備することを制限されていたこともあり、ソ連を直接攻撃することはありませんでしたが、多くの国民の心に「ソ連憎し」の感情が温存されたことは、間違いないと思われます。

⑷　欲望の帰結

　人間の持つ欲望には際限がありません。お金がその良い例です。衣食住であれレジャーであれ、お金がたくさんあればあるほど様々な欲求を満たすことができます。お金に対する価値観は個人差がありますので、ある人は日々の生活が成り立ち、少しだけたまに贅沢ができる程度のお金があればよしとするでしょうし、ある人は生活費と趣味や娯楽に回せるお金の他に、貯金と投資もできる程度のお金がほしいと思うかもしれません。ただ一般論としては、人はより多くのお金を求め、それを自由に使うことで自分の人生を満たすことを望んでいると思われます。そのお金を求める過程で他者との争いを起こすこともあります。例えば、利益がでるかどうかも定かでないような金融商品を、業者の言いなりになって購入し、損失がでた後で販売者ともめる場合とか、遺産相続をめぐる意見の相違で、家族関係が険悪なものになるようなことです。

　同様に企業や国家も様々な欲求を持ち、その欲求を満たすために行動する過程で、関係者や周囲の国々と争いとなることがあります。近年の例では、ロシアが隣接するウクライナに軍事侵略を行った事例がありますが、これはロシアにはない不凍港を有し、地中海やインド洋にも展開しやすい軍港のあるクリミア半島や、豊かな穀倉地帯であるウクライナの土地を手に入れたい、またウクライナをNATO（北大西洋条約機構）[9]への緩衝地帯にしたいとの欲望が招いた戦争です。ウクライナは、ソ連時代はその一部であり、民族的にも文化的にも類似性があり、ロシア語を理解する人が多いことや、東部地域には親ロシア派の住民が多く居住しているという事情も働いたかもしれませんが、ウクライナと事前に協議することも、宣戦布告をすることもなく突然武力で侵攻したわけですので、その領土的・経済的・軍事的野心がその背景にあったことは否めません。

戦前の日本が満州事変[10]を画策し、意図的に満州国を成立させたのも同様のことでしょう。この場合は、外形的には中国軍の奇襲攻撃への報復措置として、関東軍[11]が立ち上がったことになっていますが、実際は日本の関東軍高級参謀が計画したものでした。当時の日本は、1929年の世界大恐慌の影響で国内経済は停滞し、多数の失業者が巷にあふれ、農村は悪い気象状況も重なり、農産物の生産量が減り、生活苦にあえいでいましたので、何とかこの苦境から脱出する方策として、土地も資源も豊富な中国東北部を日本の支配下に置き、そこに日本の傀儡国家を建設し、国民生活を救済するというものでした。日本の国難を救いたいという元々の意図は良いのですが、その方法が他国を侵略する行為であったために、現地住民の反感をかうばかりでなく、国際社会からも批判を受け、せっかく常任理事国の地位まで有していた国際連盟も1933年には脱退し、国際社会から孤立して行く結果となりました。戦前の軍部の欲望・独断専横と、それを阻止できなかった政治の無力が招いた事態で、後の日中戦争、太平洋戦争、そして1945年の敗戦へと向かう悲劇の始まりとなりました。

　資源の争奪をめぐる争いも、生存に必要だからという切実な理由がある場合も考えられますが、必要以上により多くの資源(例:石油・天然ガス・金・銅など)を手にすることで、国家利益(国によっては特定の支配層の利益)を増やしたいという欲望がその根底にあるかもしれません。

(5)　価値観の相剋

　価値観が異なるために争いが生じる場合もあります。典型的な例は、資本主義国と社会主義国の対立でしょう。資本主義国は、国民主権・議会制民主主義・三権分立・基本的人権の尊重など、近代民主国家の政治思想を基礎とした政治体制の下に、市場主義経済がその国家運営の価値観とされています。一方、社会主義国は、資本・生産・流通と

いった経済運営の基本が、国家管理の下にあり、政治的には共産党のみが認められ、あらゆる物事の決定が共産党によってなされる国家です。言論の自由、表現の自由、思想信条の自由、結社の自由など様々な基本的人権が制限されています。

この価値観の相剋が争いの種となって様々な災いをもたらした典型的な例は、米国とソビエト連邦を名主とする東西陣営の対立である「冷戦」です。冷戦は、第二次世界大戦の終結間際の1945年2月に行われたヤルタ会談で、米英ソの連合国が戦後体制について協議した時から始まり、ベルリンの壁[12]が崩壊する1989年頃まで継続しました。

(6) 宗教的対立

本来は人間の幸福のために存在する宗教が、人間を不幸にする争いを招くこともあります。世界には数多くの宗教がありますが、中でも世界三大宗教といわれるキリスト教とイスラム教には過去の歴史を振り返ると多くの争いが存在したことがわかります。異宗教間の争いもあれば、同じ宗教の中での宗派争いもあります。例えば、西ヨーロッパのキリスト教徒が西アジアのイスラム教徒に対して戦いを挑んだ「十字軍」があります。これはビザンツ帝国がセルジューク朝の侵攻を受けて、当時のローマ法王（ウルバヌス2世）に救済を求めたことから始まったキリスト教の聖地「エルサレム」の奪還運動です。

セルジューク朝は中央アジア（現在のカザフスタン）に起源を持つトルコ系民族で、イスラム教スンニー派を信奉する人々が1038年に建国したものです。その後西アジアに移動し1055年にバグダッドに侵攻しブワイフ朝を倒し、やがて小アジア（アナトリア）に進出し、1071年のビザンツ帝国とのマンジケルトの戦いに勝利し、小アジアのイスラム化が始まりました。ビザンツ帝国は小アジアのみならず、シリアやパレスチナも奪われたため脅威を感じ、1095年にローマ法王に救済を求めたので、法王はクレルモン宗教会議を開催し、1096年に最初の十字

軍を派遣して聖地の奪還を試みました。

　この十字軍は、1270年の第7回遠征まで断続的に継続し、一時はエルサレム王国を建国し成功も収めましたが、最終的にはイスラム勢力の反撃に会い失敗してしまいます。イスラム勢力自体もけして強い結束力を持って十字軍に抵抗したわけではないのですが、時の流れとともに十字軍もその本来の宗教的目的を見失いがちになり、経済的目的を優先するなど、徐々にその性質が変わっていきました。派兵する西ヨーロッパ諸国の軍事的経済的負担も大きく、結果的にはうまくいきませんでした。この十字軍遠征が西ヨーロッパにもたらしたものは、東方貿易の活発化やヨーロッパへのイスラム文化の流入による中世ヨーロッパの質的構造的変化でした。

　上記の争いは異宗教間の紛争でしたが、同じ宗教の中での争いもあります。ここでは二つの例を取り上げます。一つはキリスト教内で行われたカトリックとプロテスタントの争いです。これは、16世紀のドイツ(当時は神聖ローマ帝国)で、時の法王レオ10世の所業にマーティン・ルター(Martin Luther)神父が異を唱え、キリスト教徒としての信仰がいかにあるべきかを説いたことから始まるキリスト教内部の争いです。レオ10世はカトリック教会の財政難を救うことを目的に「免罪符」を発行し、これを買えば罪人も天国に行けると約束する形で、信者たちに購入を促しました。これに対してルターは、本来のあるべき信仰の姿とは異なるとして抗議しますが、後にヨーロッパ全体に広がる宗教改革運動へと繋がっていきました。

　ルターは「福音主義」を唱え、法王や教会の権威に盲目的に従うのではなく、「聖書の教え」にこそ信仰の中心があると訴えました。ルターは「95か条の論題」[13]を提示し、法王や教会を批判しましたが、その訴えを国内の諸侯や市民が支持し、ルターの主張はドイツ国内に広がりました。このような動きに対し法王や教会は、ルターを弾圧しようとしますが、ザクセン候フリードリヒの保護を受け難を逃れました。

ザクセン候の保護下で、ルターは聖書のドイツ語訳を完成させ、これまで一般のドイツ人が読むことができなかった聖書の内容を、多くの人が理解できるようにしました。このことでドイツ国内にルターの信奉者が増えて、法王も神聖ローマ帝国皇帝カール5世も宗教改革の動きと妥協せざるを得なくなり、1555年に「アウクスブルクの和議」[14]が成立し、宗教的揺らぎは一応収まります。その後もスイスの神学者カルビンの「予定説」(死後に天国に行けるか地獄に行くかはあらかじめ決まっているとする説)が、それまで否定的に見られていた蓄財とその富を生むための勤労を奨励したことから、商工業の発展と「大航海時代」[15]の到来も後押しして、カトリック信仰から離れたプロテスタントの信仰として西ヨーロッパに広がっていきます。カルビン派の宗教改革は、英国では「ピューリタン」(清教徒)を、フランスでは「ユグノー」を、オランダでは「ゴイセン」と呼ばれて、それぞれが独自の道を歩み始めます。

　もう一つの例はイスラム教におけるスンニー派とシーア派の対立です。スンニー派とシーア派はどちらもイスラム教で同じ神(アッラー)を信じているのですが、イスラム教の創始者であるムハンマドの正当な後継者が誰かと、イスラム共同体のあり方をめぐる意見の違いから、歴史的に対立を繰り返してきました。スンニー派はイスラム教信者の85〜90%を占める主流派ですが、その考え方は「実力主義」とも言えるもので、ムハンマドの教えを守りながら、イスラム共同体を統率できる能力を持つ人を、指導者である「カリフ」に選ぶべきだと考えます。一方シーア派は「血統を重視」し、ムハンマドの娘婿で従兄弟のアリをカリフとして認める考え方をしています。それぞれの宗派で、祈りなどの習慣的宗教行為も違っています。

（注）

1) 自然法思想：特定の社会や国家を超えて、人間の理性によって歴史的に形成された法思想で、民主主義や法の支配など近代国家の形成に影響を与えたもの。

2) 社会契約論；ジョン・ロックやジャン・J・ルソーらが提唱した政治理論で、国家と国民が契約を結び、社会を形成維持する考え。

3) 公民権法；アメリカの公民権運動を背景にして、1964年に成立した、黒人の差別をなくすことを包括的に保障した法律

4) Jim Craw法；1863年のリンカーン大統領による奴隷解放宣言以降も、分離政策や選挙権の制限など、断続的にアメリカで続いた黒人差別を正当化する一連の法律のこと。

5) 分離政策；アメリカで白人と黒人を分断するために行われた政策で、あらゆる公共の場で、白人と黒人の同席を認めなかった。

6) 公民権運動；1950年代後半から60年代前半にかけて活発に行われた、黒人の基本的人権の保障を求める社会運動。キング牧師らの非暴力不服従思想を基に、全米で展開された。

7) ポツダム宣言：1945年7月26日にドイツのポツダムで米英中の三か国名義で発出された13か条からなる宣言で、戦争を継続している日本に対する「最後通牒」となったもの。

8) ヤルタ会談の密約：1945年2月に当時のソ連領のヤルタで開催された米英ソ三国による、第二次世界大戦終了後の戦後処理を検討した会議の折に結ばれた、米ソ間の秘密協定のことで、ドイツ降伏後三カ月ほど経過したら、ソ連が日本に参戦することを約束した密約。

9) NATO；英語のNorth Atlantic Treaty Organizationの略で、北大西洋条約機構と呼ばれる。アメリカを盟主とする自由主義陣営に属する欧米諸国が加盟している、対共産主義の集団的自衛組織である。

10) 満州事変；1931年9月18日に中国東北部の南満州鉄道の警備を担当していた日本軍（関東軍）が、瀋陽市郊外の柳条湖で鉄道爆破事件を起こし、それを口実に一挙に満州全土を支配し、翌年の満州国

成立に繋げた事件。

11) 関東軍：日露戦争の勝利で得た、中国の遼東半島の鉄道権益や邦人保護を目的として置かれた、日本陸軍のこと。

12) ベルリンの壁；第二次世界大戦後の米ソの冷戦の中で、東ベルリン市民（共産圏）の西ベルリン（自由主義）への逃亡を防止するために1961年に設けられた壁のこと。1989年に民主化の流れの中で崩壊。

13) 95か条の論題：宗教改革を唱えたドイツのマーティン・ルターが1517年10月に発表したカトリック教会批判の文書で、お金で罪人を許す「免罪符販売」を糾弾している。キリスト教内の宗教改革の端緒となった。

14) アウクスブルクの和議：1555年にドイツのアウクスブルクで開かれた議会で、プロテスタント（ルター派）の信仰を認めた決定。

15) 大航海時代：15世紀〜17世紀にかけて、スペインやポルトガルなどヨーロッパの国々が、インド航路や新大陸航路を発見し、北米・アフリカ・アジア・中南米が結ばれ、諸国間・諸地域間の往来が活発になる時代。

第二節　争いの解決策

第一節で示したように、人間の争いには様々なものがありますが、これらの争いをどう解決できるかについては、これまでの歴史の中で政治的・法的に整えられてきた方法がありますので、「国内の争いの場合」と「国際的な争いの場合」の二つに分けて見てみましょう。

1. 国内の争いの場合

国内の争いの場合は、統治機構、即ち、憲法の下に立法権・行政権・司法権の三権が整備され、相互に関わりながら国家運営が、安定的に行われている社会であれば、様々な争いは公権力の強制力を使っ

て、最終的には争いを解決できますが、そこに至るまでには、当事者間あるいは第三者の関与も含めて、努力することが求められます。

統治機構が機能している場合は、下記のような解決策が段階を追って適用されます。

(1) 仲裁による和解

争いの最も身近で取組みやすい解決策は「仲裁による和解」だと思われます。私人間の問題であれば、解決への道を開く最も効率的で経済的な方法でしょう。但し、この方法での和解には、関係者双方が「問題を解決する意思と歩みよる姿勢」を持つことが必要です。何かをめぐる意見の食い違いや感情のもつれから、相手に対して嫌悪や憎悪または怒りを感じている場合は、「自分にも非があるかもしれない」との認識の下で、お互い一歩下がって自分を客観的に見つめ、もし自分に相応の非がある時は、相手に詫びる心の余裕があれば、対立した気持ちも少しは和らぎ、そこから和解への道が開けるかもしれません。ただ感情が高ぶった当事者にとっては、自ら和解に至るのは困難を伴うことが一般的ですので、通常は第三者が間に入り、双方の意見を聞きながら、感情や利害を仲裁することで和解に至ることが多いと思われます。このような第三者の介在により双方の話し合いだけで問題を解決する場合には、いくつかの条件を満たす必要があります。まず、双方が冷静で合理的であることが求められます。感情的な応対を避け、客観的な事実を確認し、また関係する法律があればそれに準拠し、物事を考え、判断することが前提となります。

(2) 調停

私人間の仲裁による和解がうまくいかない場合は、裁判所が介在し、裁判所職員である調停委員が双方の意見を聞き、双方にとり納得できるような解決策を示し、間をとりもつことになります。調停は非公開で

行われ、その結果が文書による「公的記録」として残りますので、結果に対する法的拘束力が仲裁によるものよりも強くなります。

　調停は、当事者が直接会うことはなく、法廷ではない普通の部屋で、当事者が交互に調停委員との面談を通じて双方の主張が聴き取られ、提示される調停案に、当事者双方が合意できた場合にのみ成立します。この制度は大正時代から継続している日本独特のものですが、もめごとの「平和的かつ経済的な解決方法」として、外国からも注目されているものです。

⑶　裁 判

　仲裁による和解も、調停による和解もできない場合は、裁判所での訴訟による解決を図ることになります。民事・刑事・家事など裁判の種類により手続は異なりますが、一般的には原告が訴状を裁判所に提出し、受理されたら被告人に通知され、裁判所での口頭弁論・審理を経て、法を基に判決が下されます。この判決には法的拘束力がありますので、原告も被告も結果に従わなければなりません。不服がある場合は、上級裁判所への控訴と上告が認められています。

2.　国際間の争いの場合

　主権国家どうしが国際的な争いを行う場合は、下記のような解決策が考えられます。

⑴　協 定

　紛争当事者間の外交的努力で解決策が見つかる場合は、何らかの形の協定が結ばれて、その結果が担保されます。例えば、北朝鮮と韓国の間に引かれた、北緯38度の事実上の国境線は北朝鮮軍と米軍主体の国連軍が戦った「朝鮮戦争」[1]（1950－1953年）のもたらした「休戦協

定」の成果です。この協定によって、その後も北朝鮮のミサイル・核実験や、韓国の北朝鮮向け体制批判放送のような、対立と緊張関係は継続していますが、物理的な戦闘行為は行われなくなりました。このように当事者間の話し合いで、部分的であれ一時的にしろ、紛争解決への道が開ける場合があります。

(2) NGO/NPOの介在

　主権国家で統治機構が整備されていても、十分に機能していない場合もあります。例えば、国内に政府側と反政府側のような二つの対立する勢力があって、政府側も国内全体を統治する能力が不足しているため、内乱のような国内問題が発生した場合は、第三国なり国際機関なりの関与がなければ、争いを解決できない場合が想定されます。

　このような場合に、NGOやNPOのような、社会的目的を持つ公共性の高い団体が介在することもあります。日本の国際協力機構(JICA：Japan International Cooperation Agency)[2]が、長年にわたりフィリピンのミンダナオ島で政府側と、非政府側(分離独立を目指すイスラム系勢力)の対立に介在し、将来のミンダナオ地方の自治政府が必要とする人材育成や、法案作成や産業育成など、住民の信頼が得られる自治政府の土台作りを支援するなど、双方の対話に関与しながら、武力によらない問題の解決を図ったような事例がその典型です。

(3) 第三国の介入

　争っている当事者に関心を持つ第三国が関与して、問題の解決を図ろうとする場合もあります。例えば、長年にわたりイスラム武装勢力の動きに悩まされてきた、アフリカのソマリアにアメリカがアフリカ連合諸国との協力による治安維持のために米軍を派遣し、民主的な選挙によって成立する政権が国内を掌握するまで、治安の回復の支援をするような事例があります。

⑷　国際連合(UN：United Nations)の介入

　国際連合の安全保障理事会での議論と決定に基づき、UNが複数の国を組織して、「平和維持活動」(PKO：Peacekeeping Operation)、あるいは紛争地の状況に応じて「平和維持軍」(PKF：Peacekeeping Force)を派遣して、紛争当事者に介入し、紛争の解決を図ろうとする場合があります。PKOは既に紛争地での休戦や停戦が行われており、その状態が保障されるように、紛争当事者の双方を監視する役目が中心となります。軍人だけでなく文民も含まれます。PKFはPKO活動の一環ですが、構成員が軍人のみとなり、紛争が継続している状況の中で、紛争当事者を引き離したり、非武装地帯を設定したり、停戦監視などの役目を果たします。いずれの場合も、紛争当事者が国連の介入を受け入れること、中立の立場を保つこと、要員は自衛のために必要な場合以外は武器を使用しないことの三原則に基づいて展開されています。

⑸　国際司法裁判所

　国家間の紛争が国際司法裁判所(ICJ：International Court of Justice)に提訴され、司法判断に解決が委ねられる場合もあります。ICJは1921年に国際連盟の専門機関としてオランダのハーグに設置された「常設国際司法裁判所」を前身として、第二次世界大戦終了後の1945年にサンフランシスコ会議で署名された国連憲章により設立され、1946年からオランダのハーグでその運営が始まった国連の専門機関です。ICJは15名の裁判官で構成され、国際法を基にして国家から付託された国家間の紛争解決と、国連及びその専門機関から諮問された法律問題に勧告的意見を述べることが主たる任務です。

　例えば、フィリピン政府が、中国の膨張政策により領海侵犯が起きていることを問題にして、ICJにその解決を求めたような例があります。フィリピンと中国政府の二国間交渉では解決に至らない場合に、ICJ

の中立的第三者的な司法判断が、中国の行為は国際法違反であるとするなら、国際世論を味方につけ、フィリピン外交を有利にしてくれるだけでなく、中国政府への圧力になるとの狙いがあったものと思われます。

ただ、ICJがどのような判断を下しても、強制力を持つ執行機関が存在しませんので、あくまで勧告の域を抜けないのが、紛争解決の実効性における難点です。

(6) 武力解決

武力を用いて強い方が勝ち、負けた方に不利な条件で争いを解決する、「一番安易」かつ「最悪の方法」です。勝つ方も負ける方も、何らかの人的物的損害を被りますので、双方に将来に向けての恨みが残り、武力衝突が収束した後も、けして良い友好関係を期待することは難しいでしょう。第一次世界大戦後に敗戦国ドイツに対して、ベルサイユ講和会議が決めたドイツへの「報復的措置」(天文学的賠償金や非武装化)が、ドイツ国民の屈辱感を増幅し、ハイパーインフレーションや失業者の増大も重なって、ヒトラーの台頭を許す社会的土壌を形成したことは、武力解決とその後の外交的失策の招いた例です。

武力を頼りとする紛争解決には、「継続的軍備拡張競争」の負の側面がついて回ります。近年の世界情勢には、この傾向が現れています。ロシアのウクライナ侵略、中国の台湾への威嚇や周辺諸国の領海への侵犯、北朝鮮のミサイル・核開発などに見られる軍事的脅威に備えるためには、日本は同盟国との協力関係を強化し、武器の共同開発や相互補完、軍事情報の共有と共同演習の展開、またそれらを担保するための防衛費の増額といった政策を推進することが不可欠との判断が支持され、今後も中国・北朝鮮・ロシアの軍事力が増強されれば、それに伴い日本も同盟国も軍事力のさらなる強化に動くことになり、また相手方もさらに軍事力を強化する「悪循環」に陥ることになります。

第一章　人間と争い

（注）

1) 朝鮮戦争；共産主義国家の設立を目指して、金日成率いる北朝鮮軍が1950年6月に南朝鮮に侵攻し、一時は最南部の釜山にまで勢力を拡大しようとしたが、米軍を中心とする「国連軍」が南を支援し反転攻勢。中国軍も参戦する中で、1953年に北緯38度線を境界とする「休戦協定」が結ばれた、第二次世界大戦後の冷戦の一つ。

2) 国際協力機構（JICA）：日本の海外諸国・国民の各種支援を目的として設立された国際協力事業団と国際協力銀行が1999年に合併してできた機構。1965年に発足した青年海外協力隊の活動もこの組織に継承されている。

平和への道標
－ 聖徳太子の17条憲法 －

　日本は1400年も前の飛鳥時代に、平和への道標となる考え方を示していました。AD604年に聖徳太子が制定したと言われる「17条の憲法」には、社会を円満に治めていくための知恵が示されています。儒教や仏教思想の影響を受けた、役人や豪族のための「心構え」を説いたものですが、平和な理想社会の形成に役立つ普遍的価値が示されています。平和構築との関係がある条文を下記に抜粋して示します。私たちの平和創造活動に活用したい考えです。

第1条　以和為貴　人の和を大切にすること

第4条　以礼為本　礼節を重んじること

第6条　懲悪勧善　悪を懲らしめて善を勧めること

第9条　信是義本　信頼関係が人の道の基本であること

第10条　不怒人違　価値観の違いを認めて他人の意見を尊重すること

第17条　不可独断　知恵を出し合い合議で物事を決めること

＜聖徳太子＞
　聖徳太子はAD574年に用明天皇の皇子として誕生した。最初は厩戸皇子と呼ばれていたが、推古天皇の摂政となり、後に聖徳太子と呼ばれた。聖徳太子は、分裂気味であった日本を天皇中心の中央集権国家になるよう尽力した。冠位十二階制度を設けて、家柄に関係なく人材登用する道を開き、17条の憲法を制定して官吏や豪族が天皇に使える心構えを説き、小野妹子らを隋に派遣して隋との国交樹立を計り、また最新の学問や文化を日本に持ち帰らせ、国記や天皇記を編纂して権力の正当性を社会に訴えようとするなど、AD622年に48歳で亡くなるまで様々な政治改革に取組んだ。

第二章　救命が紡ぐ友情

愛は憎しみよりも気高く、理解は怒りよりも気高く、平和は戦争より気高い

Hermann Karl Hesse

人は自分に好意的な対応をしてくれた人には好感と信頼感を持ちます。とりわけ自分の命を救ってくれたような究極の厚情には恩義を覚え、何らかの形で返礼をしたいと思うのは、世界のどの国の人にも共通する普遍的真理です。このような命で結ばれた友情は、その後の格別の関係悪化を招くような事態が生じない限りは、両者間の良好な平和的関係を維持し発展させる礎となります。

　本章では、上記のような救命が紡いだ国際間の友情を、日本と外国との関係のいくつかの事例を通じて紹介します。それぞれの事例がもたらした、事件後の日本とその国、あるいは日本人とその国の国民との友好関係を知ることで、国際平和をもたらす条件の一つを確認します。

第一節　エルトゥールル号の救難

　日本とトルコの間には130年以上にわたる友好の歴史があります。約8,500kmも離れた東西の二国が何故そのような長期にわたる友好関係を保ってきたのか、その事情を詳細に調査報告している、山田邦紀・坂本俊夫氏の『東の太陽、西の新月』(現代書館、2007年)を基に述べてみます。そのうえで、本節ではこの友好関係が意味する平和構築の条件について考察します。その始まりは、明治天皇の意を受けて1887年10月に欧州における皇室外交の一環として、小松宮彰人親王夫妻が当時のオスマン・トルコ帝国を訪問し、皇帝アブデュルハミト2世に、明治天皇からの贈り物(梅の模様の硯箱)を贈呈し敬意を表した際に、予想以上の大変な歓迎を受けたことにあります。同年12月に日本に帰国した小松宮親王が、明治天皇に欧州訪問の帰朝報告をする中で、トルコでの厚遇に明治天皇が感激し、その謝意を表するために、翌1888年5月にアブデュルハミト2世に明治天皇の感謝状と漆器を贈呈するのですが、そのことへの返礼として、皇帝アブデュルハミト2世は、1889

年7月にオスマン・パシャ[1]を、特使として軍艦エルトゥールル号で日本に派遣します。オスマン・パシャは、翌年6月の日本到着後に明治天皇に謁見し、皇帝親書と勲章を奉呈し、皇室交流に貢献しています。

オスマン・トルコ帝国は1299年に誕生し、その後周辺諸国を従えながら勢力を拡大し、1453年には東ローマ帝国の首都であったコンスタンチノープルを征服し、名称をイスタンブールと改称のうえ自らの首都としました。その後も勢力を伸ばし、16世紀のスレイマン一世（在位1520－1566年）の治世に最盛期を迎え、アナトリア・中東・西アジア・ヨーロッパ・アフリカにまで広がる大帝国を築きます。ただ、その後は徐々に衰退しロシアとの戦いに敗れ、周辺のバルカン諸民族も独立していく中で、1875年には財政が破綻し、「瀕死の病人」と言われるまでになります。

アブデュルハミト2世が即位した1876年はこのような状況でしたので、遠い極東の地で明治維新を起こし近代化に努めていた日本からの皇族の訪問は、オスマン・トルコ帝国にとっては大変喜ばしいことであり、帝国の劣勢を挽回する手段としてオスマン・パシャを特使としてエルトゥールル号で日本に派遣することで、イスラム世界の最高指導者であるカリフに忠誠を誓う「汎イスラム主義」を喚起し、途中の航路に位置する諸国に点在するイスラム教徒への影響力を保つことで、オスマン帝国の存続を狙ったものと思われます。

このような外交目的を持ったオスマン・パシャの日本派遣でしたが、当時のオスマン帝国は財政破綻しており、近代的な軍艦もなく、実際に派遣団の輸送に用いられたのは、海軍の練習艦となっていた老朽船のエルトゥールル号でした。この船は、建造から既に30年ほど経った木造船で、排水量が2334トン、全長76m、幅15mの石炭動力と帆走を兼用した船で、長距離かつ長期間にわたる遠洋航海に耐えられるかとの不安がありましたが、他に適当な船もなく、600余名の日本派遣団は、この船に乗り、1889年7月14日にイスタンブールを出帆したの

でした。

　出帆後のエルトゥールル号は、途中10カ所の港（スエズ・アデン・ボンベイ・コロンボ・シンガポール・サイゴン・香港・福州・長崎・神戸）を経て、イスタンブール出航から約1年後の1890年6月7日に横浜港に到着しました。いくら老朽船で途中の道程で食料や燃料などの補給と、イスラム教徒へのオスマン帝国の威信の顕示と、忠誠心の喚起といった任務を果たす必要があったとしても、1年程の長期間が必要とは思えませんが、そこには度重なる船の故障と修理並びに資金不足への対応など、船の順調な航海を妨げる諸要因が存在したのでした。

　途中立ち寄った国々ではイスラム教徒の大歓迎を受け、アブデュルハミト2世の狙いは達成された面もありますが、オスマン・パシャ率いる派遣団員にとっては、航海の不安にさいなまれた日々でもありましたので、横浜港に無事到着できたのは大いなる喜びとなりました。6月12日に明治天皇に拝謁し、宮殿での大歓迎を受け、オスマン皇帝に託された任務を無事に終えたので、その後は東京滞在を楽しんでいましたが、帰国間際に日本で流行していたコレラにエルトゥールル号の乗組員が感染し、最終的に12名の船員が死亡する結果となり、船が横浜港を出帆し帰国の途についたのは9月15日のことでした。この時、派遣団の日本到着から既に3か月が経過していました。エルトゥールル号は、9月16日の帰国途上に和歌山県串本町の沖合を航行中に、折からの台風の暴風雨の中で船が制御不能となり、串本町の中心から約2km弱の位置にある大島（串本町の一部）付近に存在する「船甲羅（ふなごうら）」と呼ばれる岩礁に同日21時半頃乗り上げ、座礁・沈没してしまいます。この時、ほとんどの乗組員は死亡しますが、1人の船員が負傷した体を引きずりながら約40m程の崖をよじ登り、近くの樫野崎灯台に助けを求めたことから、近隣の住民が救援活動を行うこととなり、翌17日午前7時半までに、樫野崎灯台に収容された63名の船員を救済することとなりました。エルトゥールル号に乗船していた656名

の船員のうち、587名が死亡し、最終的に69名が救助されトルコに帰国することになるのですが、串本町の住民は船員たちを救助したばかりでなく、遺体の捜索・埋葬と遺品の回収なども行い、また彼らが健康を取り戻すよう、物心両面にわたり介抱したのでした。衣類を与え、食事を提供し、怪我や病の治療を助け、特に食料が不足すると、自らが蓄えた非常食まで提供するなど、無私利他の心で、何の関係もなかったトルコ人を支援したのです。

　生存者69名のうち65名は、折しも救援を申し出たドイツ軍艦「ウオルフ号」により、9月20日に神戸へ移送され、「和田岬消毒所」を臨時の病院として収容されたのでした。日本政府は、明治天皇への表敬の任を果たしたトルコ軍艦遭難の知らせに直ちに行動を起こし、式部官[2]・侍医・日本赤十字社の医師を派遣、皇后や小松宮親王など皇族からの見舞いの品の贈呈、一般の支援者からのタバコなどの寄付など、官民あげて生存者の救援に努めています。

　このような救援活動のお陰で、生存者は健康を回復し帰国できるようになりましたが、日本政府は同年10月11日に神戸港から軍艦2隻（金剛と比叡）を出航させ、彼らを祖国のトルコまで移送したのでした。途中2隻は長崎・香港・シンガポール・コロンボ・アデン・スエズ・ポートサイドを経て、12月27日にユクリ浦港でトルコ海軍の輸送船「タラワ号」に生存者を引き渡し、スミルナ港[3]に停泊中にトルコ皇帝のダーダネルス海峡[4]の通行許可が下り、12月31日に出港し翌1891年1月2日に、晴れてイスタンブールに到着しました。

　その後、1月5日にトルコ皇帝に拝謁し、明治天皇の親書を手渡し（贈答品は1月2日に贈呈済み）大歓迎を受けて以来、金剛と比叡の乗員は40日間もイスタンブールに滞在し、多様な経験をして、2月10日に帰国の途につきました。帰路は往路とは逆のコースをたどり、5月10日に品川に到着しました。同27日に明治天皇に拝謁し、トルコ皇帝からの親書と贈物を含めて帰国報告を行い、8カ月ぶりに生存者送還

の任務を終えたのでした。

　この串本町住民と日本政府並びに篤志家による被災船員の救助と祖国送還に対し、トルコ政府とトルコ国民は大変な驚きと感動で一杯になり、その後も長くトルコ国民の間で語り継がれました。一時期はトルコの学校の教科書でも紹介されており、このためトルコ国民には親日の人が多いと言われていました。

　このような対日感情の中で、1980年に宗教的対立や石油資源をめぐるイラン・イラク戦争が起き、8年間も交戦を継続する中で、当時のイラクの指導者であったサダム・フセイン大統領が、1985年に通知から48時間経過後にイラン上空を通過する飛行機には、国籍を問わず無差別攻撃を加えると宣言したので、イランからの脱出のためにイランのテヘラン空港では、日本も含めた諸外国の在外公館員や企業の駐在員やその家族などが、民間航空機による移送と祖国からの脱出用救援機の到着を待っていました。ドイツやフランスなどの救援機が続々と自国民を乗せて飛び立つ中、日本国民は日本からの救援機も来ない孤立無援の状態で取り残され困っていました。

　このような危機的状況の中で、イランに取り残された日本人に、トルコ政府が救いの手を差し伸べてくれたのです。その理由は約100年前に日本人と日本政府がエルトゥールル号の船員を救助してトルコまではるばる護送してくれたことに対する「恩返し」ということでした。先述のようにトルコではエルトゥールル号船員の救済劇は国際的な美談として語り継がれており、恩のある日本人が窮地に立たされ、日本政府も適切な手を打てないで苦しんでいる時だからこそ、今度はトルコが恩人を助ける番だと判断し行動に移してくれたのでした。

　具体的には、トルコ航空の飛行機をイランのテヘランに派遣し、その飛行機で取り残された日本人215名全員を救助し、トルコ経由で日本に送り返してくれるというものでした。トルコ航空の飛行機でも、イラン上空を飛行すればイラクから攻撃を受ける可能性もありましたが、

他に救われる見通しのない日本人の窮地を打開するために、危険を伴う任務であることを承知で、このような救済を担ってくれたのでした。この日本人救済のために、自国民であるトルコ国民の国外脱出が後回しにされたことを考えると、よくぞ約100年も前の恩を忘れずに、その返礼をしてくれたものだと感動せずにはおられない出来事でした。一方で、救済された日本人は、何故トルコ政府が危険を冒してまで救助してくれたのか理由がわからずにいましたが、日本ではエルトゥール号事件のことが串本町を除き、全く継承されていないことを暴露した形となり、トルコに対しては残念な思いを抱かせる結果となりました。

　このような相互の救難の歴史から、トルコと日本は今日に至るまで政府間の友好関係はもちろんのこと、国民間、とりわけ串本町の住民との心の交流は続いており、串本町にはエルトゥールル号遭難者の慰霊碑と救難の記念碑が建立され、またトルコ記念館も建設されたうえに、両国の間で５年に一度の頻度で慰霊祭が催されています。この130年以上にわたる両国・国民間の交流が継続している理由を考えてみますと、そこに平和を築くための大切なポイントが存在していると思われます。

　まず救助にあたった串本町の住民が、エルトゥールル号の船員を救助する際に、宿舎と衣類と食事を提供し、病院と連携し病人と怪我人の治療を支援し、遺体の捜索と埋葬、遺留品の捜索と回収を行い、慰霊祭の開催や慰霊碑の建立を行ったこと、また全国の心ある人たちから様々な義援金や品物が届けられたこと、さらには日本政府が交通手段を失くした生存者を、日本の軍艦２隻でトルコまで送り届けるという「利他の心」・「無私の心」がトルコ国民を驚かせ、国民の心に深い感動を残したことが考えられます。

　このような日本側の善意の対応に対して、トルコ側もエルトゥールル号の船員が受けた恩義を忘れずに、長年にわたって子孫に言い伝えてきたことが「記憶の継承」となって、トルコ国民の間に日本・日本

人に対する好感を保ってきたことがあります。遭難が「一過性の事故」として処理されたままであるなら、今日に至る交流の絆は保たれなかったと思われます。トルコの温かい記憶の継承努力に呼応するように、串本町でも先述の様々な親善努力をしておりますので、双方の「善意」が感謝と信頼を生み、さらに善意を生む好循環の下に、良好なる関係が築かれています。平和を築くには、このような双方の「善意の交差と継承」が必用であることがわかります。

（注）

1) オスマン・パシャ；オスマン・トルコ帝国に大きな貢献をした人に授けられる称号で、政府高官を意味する。現在のトルコ共和国を樹立したムスタファ・ケマル氏もパシャの称号を有している。

2) 式部官：皇室の儀式や交際に関わる事務を取り扱う人。

3) スミルナ港：トルコ領西岸にある港湾商業都市で、ギリシャ人が居住していたことから、スミルナと言われている。トルコ名はイズミルである。

4) ダーダネルス海峡：アジアとヨーロッパの境界となる狭い海峡で地中海につながるエーゲ海と黒海につながるマルマラ海とを結んでいる交通の要衝。

第二節　ポーランド人孤児の救出

　日本から直線距離で約8,700km離れている、東ヨーロッパの国ポーランドは、ヨーロッパ一の親日国と言われていますが、その背景には長年苦しめられてきた宿敵ロシアを、日本が日露戦争で打ち負かし、無理やりロシア兵として戦うことを余儀なくされていたポーランド人捕虜が、日本での収容所生活で大切に扱われたことが親日的国民感情を

第二章　救命が紡ぐ友情

醸成していたところに、1920年から22年にかけて、1917年のロシア革命とその後の内乱で親を亡くし、シベリアで生死の境を彷徨っていたポーランド人孤児を、日本政府が日本赤十字社の支援の下で、救済したことがあると言われています。本節では、この孤児救済劇と、その後の日本とポーランドの関係を詳細に調査報告した、山田邦紀氏の『ポーランド孤児・「桜咲く国」がつないだ765人の命』(増補改訂版、現代書館、2021年)を基に、事の顛末を述べ、そのうえでこの救済劇が意味する平和構築との関係について考察することにします。

　ポーランド王国は1333年に成立し、その後15世紀にかけてライムギ輸出で繁栄し、大国としての地位を享受しましたが、国内での政治的対立や周辺諸国の侵略もあり徐々に衰退し、17世紀には「ヨーロッパの病人」と化していきます。18世紀には1772年、1793年、1795年の三回にわたり、ロシア・プロイセン(ドイツ)・オーストリアによる侵略を受け、国土が3分割され国家としてのポーランドは消滅してしまいます。その後はロシア領として存続しますが、独立を回復するのはロシア革命後の1918年となります。

　ロマノフ王朝(1613年－1917年)、いわゆる帝政ロシアの時代には、先述したようにポーランドはロシアの支配下に置かれていたため、独立を求めて蜂起を繰り返していました。例えば11月蜂起(1830～31年)、諸国民の春(1848年)、1月蜂起(1863～64年)のように、時期を違えて断続的にポーランドの独立を求めて抵抗をしていたのですが、ついに成功に至らないまま蜂起に加担したとみなされた人達は、その家族も含めて遠いシベリアの極寒の地に追放され、食料や医療にも事欠く環境下で強制労働に従事させられていました。ところが1917年に起きたロシア革命[1]によりロマノフ王朝が倒されるに至り、革命勢力と守旧派の内乱による国内の混乱に巻き込まれて、シベリアに流されていたポーランド人からも多くの犠牲者を出すことになりました。

　この災難の中で親を亡くした多くのポーランド人孤児が発生し、住

居を失い食事も満足にできずに極寒の地で病気や飢餓に陥り、死線を彷徨っている孤児たちの悲惨な状況に、シベリアの東端の町ウラジオストックにいたポーランド系住民が、1919年10月10日に現地に「ポーランド救済委員会」[2)]（会長はアンナ・ビエルケヴィチ、副会長はユゼフ・ヤクブケヴィチ）を設立し、孤児たちの衣食住の確保を目的に救援活動を開始しました。当初はウラジオストックにあるアメリカ赤十字社やアメリカのポーランド人組織の「ポーランド国民機関」に支援を要請し、一定の支援を得て町の郊外に孤児院を設置することもできましたが、米・英・仏のロシア革命介入諸国の撤兵、アメリカ赤十字社の撤退、通貨ルーブルの貨幣価値の下落と高いインフレの進行で、経済的に息詰まり、孤児院の持ち主からも退去要求を受け、孤児の救済を行えない状況に追い込まれてしまいました。そこで救済委員会は改めて米・英・仏・伊の４カ国に支援を要請しますが、ことごとく断られ万策尽きた状況下で、最後の手段として日本政府への働きかけをすることになったのでした。

　ビエルケヴィチ会長が日本の外務省を訪れたのは1920年６月18日でした。日本政府と外務省はポーランド人孤児たちの置かれた状況に深い同情を寄せましたが、シベリア出兵[3)]に莫大な資金を投じていた状況もあり、孤児たちを救済する財政的余裕がないため、日本赤十字社[4)]に救済の任にあたるよう要請がなされました。この要請を受けて日本赤十字社は、直ちに孤児たちの救済を決定しましたが、これはビエルケヴィチ会長の要請からわずか17日という異例の速さでした。こうして日本赤十字社は、日本政府の協力の下、1920年から21年にかけて、シベリア残留ポーランド人孤児765名を救うことになったのでした。

　日本赤十字社は救済にあたり、孤児たち57名とその付添人５名を、第一陣としてロシア東部のウラジオストック港から陸軍輸送船「筑前丸」に乗せ、福井県の敦賀港に上陸させました。孤児たちは前半のグループ（1920年７月22日敦賀入港の第一陣から翌22年７月６日の第五陣ま

で)は、東京の仏教系社会福祉法人「福田会」(ふくでんかい)[5]の施設「育児院」で保護を受け、隣接する日本赤十字社の協力の下に、祖国ポーランドへの帰国途上でお世話をするアメリカへ旅立つまでの、約100日間を東京で過ごしました。

　この前半グループの救済後も、シベリアには約2,000人の孤児が残されていたので、救済委員会はシベリア鉄道経由でポーランドに帰国させる計画を立てましたが、その後のソ連とポーランドの戦争やシベリア鉄道輸送中の食糧確保ができない事情から、再度日本への救援要請がなされ、これに日本赤十字社が人道上の問題から呼応し、救済の緊急性が高い約400名の孤児を救済する決定をしました。後半のグループ第一陣が1922年8月7日に、第二陣が8月14日に、第三陣が8月29日に敦賀に到着し、その後は大阪の日本赤十字社と大阪市の協力の下に、大阪市立公民病院看護婦寄宿舎に収容され、イギリス経由で祖国ポーランドに帰るまでの約1年間をこの地で過ごしました。

　前半のグループも後半のグループも、日本赤十字社や福田会あるいは篤志家その他多くの日本国民の手厚い保護と支援により、栄養失調でやせ細り病気でも苦しんでいた子供たちも、心身の健康を取り戻し、無事にアメリカやイギリスを経由して祖国ポーランドに帰国することができたのでした。日本の上陸地である敦賀では港で多くの市民たちの歓迎を受けたばかりでなく、休憩所や宿泊所の提供、食事や菓子類や玩具類も与えられ、美しい海岸で散歩をし、鉄道の敦賀駅でも温かく見送られました。

　東京に到着後は、日本赤十字社に隣接する福田会の育児院に収容され、新しい衣類の提供を受け、規則正しい生活を送りながら、栄養のある食事の提供を受け、算数・国語など基礎教科の学習を行いました。合間に仏教系有志やキリスト教系の公教青年会の慰問を受けたり、毛利公爵亭での園遊会に招かれたり、上野動物園や増上寺訪問のような社会経験も積みました。他にも、全国から寄せられる玩具や菓子の提

供を受けたり、多方面からの寄付を受けるなど、シベリアに居た頃の地獄のような生活とは全く異なる、天国のような生活を享受したのでした。

　ただ、この夢のような幸福な日々の間には悲しい出来事も起きました。折から東京で腸チフスの感染が広がる中で、お世話をしていた看護師の一人である松沢フミさんが自らの感染の可能性があるにも関わらず、腸チフスに罹患した孤児を昼夜を問わず献身的に看病し、ついには命を落としたのでした。

　このような経緯から孤児たちは、自分たちの命を救い、教育も施し、祖国まで護送してくれた日本と日本人から受けた恩を生涯大切に思い、忘れることはありませんでした。孤児たちの中には帰国を望まない者もいる程、日本への愛着が強くなり、帰国時の港では泣いて別れを惜しむものばかりで、乗船してからは日本語で「ありがとう」と「さようなら」を叫び、「君が代」や「もしもし亀よ」の童謡を歌い、またポーランド国歌を歌ったりしながら、深い惜別の情と共に日本から旅立っていったのでした。

　ポーランドに帰国後の孤児たちは、1928年に孤児の相互支援と日本との関係維持を目的に「極東青年会」[6]を12名で設立しましたが、やがて会員は600名を超え国内9都市に支部を持つまでに成長し、在ポーランド日本大使館の協力も得ながら『極東の叫び』という新聞の発行、各種の日本文化行事や日本語教室の開催などを通じて日本文化の紹介に努め、ポーランド人に日本がどのような国で、日本人はどのような国民かを知らせると共に、日本とポーランドの良好な関係の構築と維持に重要な役割を果たしました。

　このような孤児たちの想いをさらに強くする事件が、第二次世界大戦中のポーランドで起きました。それは1939年にポーランドに侵攻したナチスドイツの兵士が、孤児たちに迫害を加えようとしていた時に、日独伊三国軍事同盟のためドイツの同盟国となっていた日本の大使館員がその場に急行し、彼らは日本政府の保護下にある者で、ドイツに

弓引く人達ではないと説明することで彼らを救ったことがありました。第二次世界大戦中のポーランドは連合国の一員となりましたので、日本とは敵対関係となりましたが、この救済は孤児たちポーランド人の日本への愛着を益々強化することになり、その後の両国間の友好関係にもプラスの影響を与えることになったのです。

　帰国後のポーランド人孤児たちは、ずっと日本への愛着を持ち続け、ことあるごとに恩返しをしてくれました。例えば、第二次世界大戦末期の1945年2月に行われたヤルタ会談でアメリカのローズベルト大統領とソ連のスターリンとの間に交わされた「ヤルタの密約」、即ち、ドイツ降伏から3か月後にソ連が日本に参戦するという密約があることを、イギリスに逃れていたポーランド亡命政府がスウェーデン駐在の陸軍諜報部員の小野寺信大佐に極秘に情報提供し、日本に対応を促してくれたことは、まさに国家存亡に関わることでした。先述したように当時のポーランドは連合国の一員でしたので、このような連合国の機密情報を日本に教えることはできない立場でしたが、危険を冒してまでこの情報を日本に伝えてくれたのは、孤児たちが受けた格別の恩義に報いたいというポーランド政府の真心でした。残念ながら日本陸軍の参謀本部はこの情報を無視し、8月9日のソ連参戦とその後の満州や樺太での悲劇と敗戦を招きました。

　また1995年に発生した神戸大震災の折には、被害を受け親族を亡くした、かつての孤児たちのような境遇にある日本の子供たちをポーランドに招き、一カ月にわたりこの人達のお世話をして励ましてくれたのでした。このようなポーランド国民の日本への恩返しは長年にわたり続いており、日本がかつて人道上の理由からポーランド孤児を救ったことが、いかに両国間の友情と信頼を深めてきたかを物語っています。

　こと左様なまでに日本を大切にしてくれるのは、当時の日本人が孤児たちに行った数々の厚意が、地獄のような生活から一転して天国のような生活に変えてくれたことが主たる理由ですが、このような厚意

を受けた人たちが1歳から15歳ほどまでの幼児や少年少女であったこともその絆を深くしているように思われます。親がいない子供たちに親のような保護を与え、慈しみ、大切に育て、祖国へ帰してくれたことが、まだ純真な子供たちの心に、日本と日本人に対する感謝と敬愛と信頼の情を深く、かつ長く刻んだからではないかと推察されます。

(注)

1) ロシア革命：1917年にロシアで起きた革命で、帝政ロマノフ王朝を崩壊させた。2月に始まり、一時期ケレンスキーをリーダーとする共和政体の臨時政府ができたが、10月に社会主義を掲げるレーニン率いる労働者政権（ソビエト政権）が樹立され、その後のソビエト社会主義共和国連邦が始まった。

2) ポーランド救済委員会：ロシア革命後の、ソビエト軍と守旧派の戦に巻き込まれて家も財産も家族も失い、死の淵をさまよっていたポーランド人孤児の救済のために、ウラジオストック在住のポーランド人が設けた救済機関のこと。

3) シベリア出兵：ロシア革命後の1918年から22年にかけて、シベリアのチェコ軍団の救済を名目に、日・米・英・仏・伊・加・中の連合国が共産主義の拡散防止のために、軍をシベリアに出兵・駐留させたこと。

4) 日本赤十字社：1877年明治維新後の西南戦争時に傷病者の救護を目的として設立された「博愛社」を起源とし、1887年に現在の日本赤十字社に改名された。世界で19番目の赤十字社である。

5) 福田会：1876年に日本で初めて設置された仏教系の児童養護施設を起源とする社会福祉法人で、その名前の由来は「善の種を蒔くほどより多くの幸福が得られる」という仏教の福田思想による。

6) 極東青年会：ポーランド帰国後に孤児たちが、1928年に設立した団体で、孤児たちの相互支援と日本との交流の絆を守ることを主たる目的とし、日本との架け橋として貢献した。

第三節　オトポール事件

　オトポール事件とは、1938年3月にドイツやポーランドに居住していたユダヤ人が、迫害から逃れるために、当時のソ連と満州国の国境の町オトポールに参集し、満州国への入国を求めた際に、満州国政府がそれを拒んだことにより生じた立ち往生事件のことを指します。オトポール事件を理解するには、当時のドイツとソ連におけるユダヤ人の置かれた状況を知る必要があります。ドイツではユダヤ人を目の敵にするヒトラーが、1933年に全権を掌握し、彼の率いるナチス党の力を使い、数々のユダヤ人迫害を始めました。例えば、1933年にはユダヤ人を公職から排除する「職業官吏再建法」を制定し、1935年には「ニュルンベルク法」を制定してユダヤ人の公民権を剥奪、1938年には「水晶の夜」と呼ばれる大規模なユダヤ人襲撃事件を起こし、第二次世界大戦勃発後はアウシュビッツに代表される強制収容所を設け、ユダヤ人の完全抹殺を試みました。

　またスターリン率いるソビエト連邦でも、ユダヤ人に対する長年にわたる偏見や憎悪に基づく迫害がありました。例えば、ポグロムと呼ばれるユダヤ人への集団的迫害行為があります。ポグロムでは集団による殺戮や略奪や破壊行為などが行なわれ、ユダヤ人を恐怖に陥れ、生活の基盤を奪いました。ポグロム自体は16世紀の宗教改革者ルターがユダヤ人を危険な存在と敵視した言説もあり、17世紀・18世紀・19世紀と時代を経て、ドイツやウクライナなど近隣の地域でも行われてきたものです。特に1903年から1906年にかけて帝政ロシア内で連続して起きたポグロムは、ユダヤ人の国外脱出やシオニズム運動[1]に拍車をかけることになりました。ロシア革命によって成立したソビエト連邦においても、ユダヤ人を蔑視する傾向は変わらず、国内のユダヤ人は常に不安を抱えて生きていました。

このようなユダヤ人をめぐるヨーロッパ情勢の中で、1938年3月に、ナチスドイツの迫害から逃れてきたユダヤ人約2万人が、ソ連と当時の満州国の国境にあるオトポール駅に押し寄せましたが、入国ビザがないため満州国の許可を得られず、入国できないまま立ち往生していました。外気温が約マイナス30度の中で、野宿のような環境と食料も満足にない状態で、ユダヤ人たちは日毎に衰弱していきました。このような状況下で、満州国の特務機関長[2]を務めていた樋口季一郎陸軍中将（当時は少将）は、極東ユダヤ人協会[3]の会長を務めていたアブラハム・カウフマン（Abraham Kaufman）から、オトポールにいるユダヤ人救済を求められ、「人道上の必要性」から彼らを救う決断をしたのでした。この決断の背後にあるものを、樋口中将自身が記した『陸軍中将樋口季一郎回想録』（復刻新版、啓文社書房、2022年）も参考にしながら探り、国際平和に繋がる人道主義と、異民族間の相互理解と信頼と敬愛について考察します。

　当時は日独防共協定により、日本はドイツの同盟国の立場にありましたので、満州国外交部はドイツと日本政府への忖度から、オトポールのユダヤ人難民の救済には反対でしたが、樋口中将は「日本はドイツの属国ではなく、また満州国も独立した国であるので、物事の判断は独自に行うもの」との考えを外交部に披露し、ドイツ政府に忖度することなく、また日本政府のことを気にかけることもなく、助けを求める人達を救うのは「人としての正しい道」であるとの考えから救済の決断を下したのでした。

　決断後の樋口中将の動きは早く、満州国政府を説得して救済に理解を求め、特別ビザの発給をしてもらいました。また南満州鉄道（満鉄）の松岡洋右総裁にオトポールからハルビンまでの特別列車の運行を手配してくれるように頼み、満鉄も無料で13本の特別列車を運行し、オトポールのユダヤ難民全員をハルビンまで運んでくれました。カウフマンにはユダヤ人救済のための食糧や様々な物品の調達や資金を集める

ように協力を求めました。このような関係者の連携が功を奏して、生死の境を彷徨っていたユダヤ人はハルビンに移送され、その後中国の上海経由で各々の希望する世界の各地へと移動していくことができたのでした。

　この約2万人[4]にも及ぶユダヤ人の救済については、ドイツ政府のリッベントロップ外相から日本の外務省に日独防共協定を無視した行動であるとの理由で、強い抗議と樋口中将の処罰を求める要求が舞い込みました。これを受けて、当時の満州国の軍事を担当していた関東軍の参謀総長であった東条英樹が樋口中将を呼んで、その行動の理由を問いただしましたが、樋口中将は生死の境にいるユダヤ人を救済するという「人道行為」を行っただけで、何ら問題がないことを主張しました。その主張の中には、満州国はドイツの属国ではないこと、満州国の建国の理念である「五族協和」[5]や「八紘一宇」[6]の精神にもそっていること、また、日露戦争時に財政難で戦争遂行が困難であった日本を、ユダヤ人銀行家のジェイコブ・シフ（Jacob Schiff）[7]が救ってくれたことへの恩義もあること、さらにナチスの「ユダヤ人迫害という弱い者いじめに加担すること」が日本のとるべき道かと説いたとも言われています。理路整然とした樋口中将の説明に東条参謀長も、今回のユダヤ人救出行為は不問にふすという結果となりました。

　この樋口中将の英断と行動に対し、カウフマンは感謝のための大会を開催しましたが、その席上で樋口中将は下記の挨拶を行ない、ユダヤ人に対する己の想いを吐露したのでした。

> 諸君、ユダヤ人諸君は、お気の毒にも世界何れの場所においても『祖国なる土』を持たぬ。如何に無能なる少数民族も、いやしくも民族たる限り、何ほどかの土を持っている。ユダヤ人は、その科学、芸術、産業の分野において他の如何なる民族に比し、劣ることなき才能と天分を持っていることは歴史

がそれを立証している。…世界の一隅においてキシネフのポグロムが行われ、ユダヤに対する追及又は追放を見つつあることは、人道主義の名において、また人類の一人として私は衷心悲しむものである。…ユダヤ追放の前に彼らに土地すなわち祖国を与えよ。（樋口、p.582）

　このような樋口中将の言動は、救済されたユダヤ人はもちろんですが、その子孫や関係者から長く記憶にとどめられ、ユダヤ人を救った恩人としてイスラエルに多大な貢献をした人だけが記載される「ゴールデンブック」にその名が刻まれることになったのです。己に災いが及ぶかもしれない行動を、樋口中将はなぜとったのでしょうか。「人道上の判断」はよく理解できるとしても、厳しい批判や非難にさらされたり、降格の憂き目にあったり、最悪の場合は仕事から解雇されたりする可能性もある中で、理想をどこまで実現できるかは個人差が大きいものと思われます。

　樋口中将の行動を理解する鍵は、彼が特務機関員として過ごしたソ連のウラジオストックや、駐在武官として過ごしたポーランドでは、彼に住居を提供してくれたのがユダヤ人であり、この間のユダヤ人との交流を通じて、彼らが他者に抱く優しさに触れ、またその優れた知性に敬意を抱き、世界各地で様々な差別や迫害を受けてきた民族であることに同情と理解を有していましたので、自分自身が受けたユダヤ人への恩義を返すということが、その原動力になったのではないかと思われます。また1937年に短期間ドイツに滞在した折に、ナチスのユダヤ人迫害の現場を目撃し、その行為に許しがたい怒りを覚えていた可能性もあります。

　これまでの樋口中将のユダヤ人との長い交流の中で育まれたユダヤ人への想いが、1937年にハルビンで初めて開催された「第一回極東ユダヤ人大会」に招待された樋口中将の演説の中にもよく投影されて

います。彼はユダヤ人の長きにわたる受難・苦悩の歴史に触れながら、ユダヤ人の学問・芸術・文化・経済など幅広い分野での卓越した業績を賞賛し、ユダヤ人の独立国家創設に賛成する旨の発言をし、大喝采を浴びています。このような発言は、当時の満州や中国など極東地域にいたユダヤ人に未来への希望を抱かせるものとなりましたし、日本に対する信頼感の醸成にも役立ちました。

　1945年の9月に第二次世界大戦は公式に終了しますが、その直後にソ連は樋口中将を戦犯としてソ連に引き渡すように連合国司令部(GHQ)に要求します。その背景には日本がポツダム宣言を受入れて降伏を宣言した1945年8月15日以降に、ソ連は南樺太・千島列島・北海道等の奪取をもくろみ、8月18日未明に千島列島の占守島（しゅむしゅとう）に攻撃をしかけますが、北方の守りを担当していた第五方面軍司令官の樋口中将の「断固反撃すべし」との決断で、武装解除の途中にあった占守島守備隊が急遽再武装し、池田末男大佐率いる戦車隊などが応戦の末、ソ連軍を撤退させたことなどへの報復の意味があったと推察されます。この要求に対し、連合国司令官のダグラス・マッカーサー(Douglas MacArthur)は、樋口中将の引き渡しを拒否しますが、この背景にはニューヨークを拠点とする「世界ユダヤ教会」が恩義のある樋口中将を救うために、アメリカ国防総省を動かしたと言われています。

　オトポール事件とその前後をめぐる樋口中将のユダヤ人との関係を振り返りますと、若き日にウラジオストックでユダヤ人の家に下宿したことから始まり、ポーランド駐在武官時代のユダヤ人との交流、そしてハルビン特務機関長時代のユダヤ人との関りなど、長い時間をかけてユダヤ人への理解を深め、お互いが信頼と敬愛の情を持つに至ったことが、2万人のユダヤ人を救い、シオニズム運動によるユダヤ人国家の建設に希望を与え、第二次世界大戦後は自らがソ連の懲罰要求からユダヤ人の手によって救われるという結末を招いたものと思われます。まさに樋口中将とユダヤ人との長きにわたる交流が、お互いの

心の絆を強くし良好なる関係を構築したと言えるでしょう。

(注)

1) シオニズム運動：東欧やロシアでのユダヤ人迫害から逃れるために、祖国イスラエルに戻り、自らの国を建国することを目的として19世紀末にヨーロッパで生まれたユダヤ人の社会運動。名前の由来は旧約聖書に登場するエルサレムの丘「シオン」(Zion) にあるが、その意味するところは広い意味での祖国イスラエルを指す。

2) 特務機関長：旧日本陸軍の特殊任務を担う機関の長のこと。特務機関は、占領地域や戦闘地域における諜報活動や宣伝工作や反乱防止などを主たる任務としていた。

3) 極東ユダヤ人協会：ハルビンを拠点に活動していたユダヤ人医師のアブラハム・カウフマンを中心に設立された極東地域に住むユダヤ人の団体で、相互支援・シオニズム運動の推進などを目的にしていた。1937年から39年まで3年連続で極東ユダヤ人大会を開催した。

4) 樋口中将自身は救済したユダヤ難民の数を数千人と証言している。

5) 五族協和：1932年に建国された満州国の理念を表す言葉で、五族（日本・朝鮮・満州・蒙古・中国）の各民族が協調して暮らすことを理想としている。

6) 八紘一宇：日本の満州・中国・東南アジアへの進出を正当化するために用いられた理念で、人種・民族・宗教などに関わりなく、皆同じ屋根の下で平和に暮らす家族のような関係になることを理想としたもので、元々の言葉の出所は日本書紀にあるとされる。

7) Jacob Schiff；日露戦争時に、当時の高橋是清大蔵大臣の要請に応えて、資金援助をしてくれたユダヤ系アメリカ人の銀行家。この援助がなければ、日本は戦争遂行ができなかったと言われている。

第四節　カウナスの命のビザ

　「命のビザ」と言われる日本通過ビザを発給し、イスラエルをはじめ世界中のユダヤ人が深い感謝と尊敬の念を持って記憶にとどめている、かつての駐リトアニア日本領事であった杉原千畝氏がいます。この杉原氏と命のビザについて、杉原氏の足跡を詳細に調査報告した古江孝治氏の著書『杉原千畝の実像－数千人のユダヤ人を救った決断と覚悟－』（ミルトス、2020年）を基にして、事の顛末を描写し平和の構築に繋がる要素が何かを考察します。

　東ヨーロッパにあるリトアニアの日本領事館に、杉原千畝氏が領事として赴任していた1940年7月に、多数のユダヤ人が殺到しました。その理由は、ドイツではナチスによるユダヤ人迫害が益々激化し、また隣国のポーランドに1939年9月1日にナチスドイツが侵攻を始め、密約を結んでいたソビエト連邦が9月17日に同じくポーランドに侵攻したので、この両国からの迫害を逃れるためでした。ユダヤ人難民はソ連と日本を経由して、希望する第三国に逃れることを願っていましたが、そのためには日本国政府の「国内通過ビザ」が必要でした。

　また、占領地ポーランドでの取り扱いに苦労していたユダヤ人を国外に追放できることや、外貨獲得もできるという二重の利益のために、ソ連政府は外国への通過ビザを持つユダヤ人が国内をシベリア鉄道で移動することを容認していましたので、ユダヤ難民は何としてもビザを獲得し、極東のウラジオストックまで到達し、そこから船で日本に渡り、日本を経由して本来の目的地を目指そうとしたのです。

　ただ当時は日独伊三国軍事同盟を締結しようとしていた日本政府は、ドイツ政府の意向を無視してユダヤ人の国外逃亡を手助けする行為には難色を示し、ビザの発給を認めませんでした。命がけでドイツやポーランドを離れ、着のみ着の儘でカウナスに到着したユダヤ人は元

に戻れば迫害を受けるので、何としても日本経由で第三国に出国するという有力な手段を頼り、日本領事館の前に多数の人が連日押しかけビザの発給を求めましたので、ついに杉原領事は日本政府の正式な許可を得ないまま、独断でビザの発給を決断したのでした。ビザを発給しなければ難民となったユダヤ人の安全は保障されないとの理解の下に、人道の観点から杉原領事は政府の指示に反しながらもビザを発給したのでした。

　ビザの発給にあたっては、杉原領事は不眠不休とでも言えるような働きぶりで、一人でも多くのユダヤ人を救おうとしました。国際情勢の変化に合わせて、日本政府はカウナスの領事館を閉鎖することを決定し、またリトアニアを占領したソ連からも領事館の撤退を督促される中で、杉原領事はできるだけ閉鎖を先延ばしして、1940年9月1日に退去する日まで、来る日も来る日もビザを発給し続けたのです。一人一人の身分を関係書類などで確認しながら、当時は文面を手書きで書くビザでしたので、大変な労力と時間を要しました。領事館スタッフの提案で、一部をスタンプで押すものにして省力化しましたが、署名欄は自書するしかなく、あまり大きな効果は期待できなかったものと推察されます。このような犠牲を払って杉原領事が発給したビザで約6千人のユダヤ人が救われたと言われています。

　日本通過ビザを取得したユダヤ人たちは、シベリア鉄道でウラジオストックに移動し、そこで現地の総領事代理であり日露協会学校[1]で杉原氏の後輩であった根井三郎氏の協力と、ジャパン・ツーリスト・ビューロー（JTB：現在の日本交通公社）の社員であった大迫辰雄氏の協力を得て「天草丸」に乗船し、福井県の敦賀港に移動します。この時に、根井領事は杉原領事が発給したビザを所持していないユダヤ人に対しては、独自の判断で日本への渡航証明書や通貨ビザを発給して、より多くのユダヤ人の救済に尽力しています。また大迫氏は、在米ユダヤ人協会がアメリカの旅行会社（Walter Brown社）経由で、JTBに依

頼した支援業務を担当し、本人の確認や支援金の支給や第三国への移動支援などに従事しました。このような人達の連携がなければ、多くのユダヤ人の命が奪われていたことでしょう。

　上記の支援者達以外で、命のビザがその効力を発揮しユダヤ人救済の実現を可能にした、特筆すべきことがあります。一つは先述したポーランド孤児の救済時にも登場した「敦賀の町」の存在です。敦賀は日本海に面した福井県の港町ですが、1899年には明治政府から「開港場」(外国貿易港)の指定を受け、1902年にはウラジオストックとの定期航路が開け、1912年にはシベリア鉄道を使った世界一周ルートが開設されるなど、ヨーロッパに開かれた国際性豊かな港町でした。このため敦賀の住民は、外国人を受け入れる心理的土壌が備わっていたと想像されます。実際に命のビザで1940年7月から翌41年6月までに敦賀に到着したユダヤ難民に対して、敦賀市民は温かく迎え入れています。例えば、無償で食料の提供や銭湯利用を認めたり、避難民が現金化したい物品を購入したりと、何かと彼らを支援しています。また学校ではユダヤ人が、学問・芸術・実業など、多様な分野で世界的な貢献をしてきた人達であることを教え、差別したり見下したりしないように指導しています。

　次は神戸ユダヤ教会の存在です。敦賀に到着したユダヤ難民は、最終目的国の入国ビザの未取得や、日本に一時的に滞在するために必要とされる供託金を持ちあわせていないなどの、「条件不備」のために上陸を拒否されることがありましたが、その度に神戸ユダヤ教会が身元保証人になって、ユダヤ難民の日本一時滞在を可能にしました。協会はユダヤ避難民に衣食住や現金を提供し、様々な相談にも応じ、最終目的地への移動を支援しました。これに呼応して周辺のキリスト教会の人達も、リンゴを提供するなど難民の心を慰めてくれました。

　そしてもう一つ難民の大きな力になったのが、小辻節三氏[2]の存在でした。小辻氏はアメリカでヘブライ語を学び、その後満鉄の松岡洋

右総裁(後の外務大臣)のアドバイザーとして満州内のユダヤ人対応を担当したことがある人ですが、神戸ユダヤ教会からの依頼で、ユダヤ人と日本人の文化の違いから生じるトラブルの解決や、敦賀に上陸できない人のために、駐日オランダ大使館から「キュラソービザ」[3]を入手し上陸を可能にしたり、最終目的国の入国ビザを取得するには、日本の滞在許可日数が不足している人のために、松岡外務大臣の支援も得ながら、滞在延長を当局に認めてもらうなど、ユダヤ難民の窮地を救ってくれました。

　このような杉原氏の「命のビザ」によるユダヤ人救済の根底には、杉原氏の人道主義があるわけですが、杉原氏の生い立ちの中にその片鱗を垣間見ることができます。杉原氏は名古屋市にある「古渡尋常小学校」に学びますが、その時には学業優秀並びに品行方正で愛知県や名古屋市から表彰を受けるような人でした。また愛知県立第五中学校在学中の成績表には、「温順」・「誠実」・「率直」といった人物評価が記載されていますが、他者に対する「思いやりや優しさ」を、この当時から持ちあわせた人であることがわかります。

　杉原氏の外交官としての仕事も、多様な国々の訪問と居住の機会を多くしますので、杉原氏は外国人や外国の文化に対する造詣も深かったと思われます。1919年から外交官としての初期研修をハルビンで送った際は、ロシア人の家庭に寄宿していますし、最初の結婚はロシア人女性とでした。その後はフィンランド・リトアニア・チェコ・東プロイセン・ルーマニアと転勤を重ねますが、リトアニアで命のビザを発給するまでに20年以上の外国勤務を経験していますので、杉原氏が外国人であれ言語や文化が異なっても「同じ人間」として認識し、相手を同様に尊重する考えと態度は十分に形成されたことでしょう。

　また、杉原氏は外部情報を収集分析する、極めて優秀な諜報能力を持つ外交官でしたが、その諜報能力の発揮には「他者の信頼を得る力」が必用だと言われています。1945年の第二次世界大戦終了間際のヤル

タ会談の密約情報を、日本の大本営陸軍参謀本部に伝えたことで知られる、駐スウェーデン大使館付武官の小野寺信氏も、その高い諜報能力を外国人からも評価された人ですが、小野寺氏に情報が集まる一番の理由は彼の「誠実さ」にあったとされています。杉原氏も同じ資質を持ちあわせていたことがわかります。

　杉原氏以外の支援者たちにも、同様の人道主義の誠実な心を見てとることができます。無私の心・利他の心・アガペーの愛など、表現する言葉は違っても、他者の為に自己犠牲も厭わない心が、「生きるか死ぬか」の瀬戸際に立たされたユダヤ難民に直面した支援者たちを動かしたことは間違いないでしょう。

　しかも命のビザの場合は、カウナスの杉原領事からウラジオストックの根井領事という後輩にバトンが渡され、JTBの大迫氏のような良心的対応にも助けられ、敦賀到着後は市民に温かく迎えられ、また神戸ユダヤ教会・小辻氏のようなユダヤ避難民をよく理解し、彼らの立場に立って支援する人達にも恵まれたことが、命のビザのユダヤ難民を救済する結果に繋がったと言えるでしょう。いうならば「善意のリレー」の成果です。

　このように様々な支援を受けて、日本経由でアメリカなどの第三国に逃れたユダヤ人たちは、自分たちを救ってくれた杉原領事、根井領事、大迫氏、神戸ユダヤ教会、小辻氏のような人たちへの恩義を終生忘れず、その子孫にも今日に至るまで感謝の気持ちが伝えられています。彼らは世界各地で戦後の生活を営みながら、「カウナスの恩人に御礼を言う」ために杉原氏を探す運動を始めます。そのメンバーの一人であったジェホシュア・ニシュリ氏が、1968年の駐日イスラエル大使館参事官時代に、ついに杉原氏を探しあてカウナスで別れてから実に28年ぶりの再会を果たすことができたのでした。28年という長い時間を片時も杉原氏のことを忘れずに世界中を探したというこの事実の重さが、救われたユダヤ難民が感じた恩義の深さを物語っています。

1985年にはイスラエル政府が杉原氏を「諸国民の中の正義の人」との称号を授与し、杉原氏のユダヤ人救済に対する感謝と尊敬を表しています。この称号は、自らの犠牲も厭わずユダヤ人をナチスの「ホロコースト」から救った人に対して与えられる最高の名誉です。また2016年には杉原氏の没後30年を記念して、イスラエルのネタニヤ市に"Chiune (Sempo) Sugihara Street"（杉原千畝通り）が開通し、杉原氏の功績が後世に長く伝わるように取り計らわれました。

　命のビザにより多くのユダヤ人が救済されたのは、杉原氏をはじめ関係した多くの人達の協力と支援があったからですが、杉原氏への救済された人達の恩返しに代表されるように、救済した人たちとの心の絆が長く結ばれることに結実しています。

　このことは「善意は循環する」、そしてそれは平和な世界を築くために、大切な働きをする要素であることがわかります。

（注）
1) 日露協会学校：外務省所管の在外教育機関として、1920年に旧満州ハルビンに設立された専門学校で、ロシア語やその歴史や文化などを学ぶロシア専門家の養成を目的とした。後にハルビン学院と改称され、1945年の満州国消滅と共に閉鎖された。

2) 小辻節三：ヘブライ語を含むユダヤ教に精通した宗教家で、多くのユダヤ難民の救済に尽力した。晩年にはユダヤ教に改宗し、遺体は遺言によりエルサレムの墓地に埋葬されている。

3) キュラソービザ：杉原千畝氏がユダヤ難民に日本通過ビザを発給した時に、最終目的地としてオランダ領のキュラソーが記載されたことによる名称。最終目的地のビザを持たないユダヤ難民を救済するために、オランダ領事の了解の下で行われた緊急避難措置である。

第五節　駆逐艦「雷」の英兵救助

　日本と連合国(米・英・仏・中・ソ連)間の太平洋戦争が、1941年12月8日の帝国海軍によるアメリカ・ハワイの真珠湾攻撃から始まりましたが、当初の半年間程は日本軍が快進撃を続け、東南アジア諸国を中心にその占領支配地域を拡大していきました。この動きの中で1942年2月27日から3月1日まで5回にわたり、インドネシアのジャワ島北方のスラバヤ沖で日英の海軍は断続的に交戦し、日本軍が勝利を収めました。この時に生じた帝国海軍の駆逐艦「雷」による、英兵漂流者の海上での救済が、その後の日本人と英国人の良好なる関係の構築に大いに貢献することになりました。この救助劇を調査研究し、その詳細を報告した恵隆之介氏の『敵兵を救助せよ！』(草思社、2006年)を基に、その全貌を述べ、平和への貢献について考察します。

　スラバヤ沖海戦で撃沈された、イギリス海軍の駆逐艦エンカウンター(Encounter)などの乗組員は、海上を20時間以上も漂流しながら近隣のオランダ艦隊の救助を待ちましたが実現せず、死を目前に控えた絶望的な状況に置かれていました。この時、近海を航行中の帝国海軍の駆逐艦「雷」が漂流する英兵を発見し、3時間以上にわたり自らが敵潜水艦の攻撃を受け沈没するかもしれない危険を顧みず、英兵の救助にあたりました。この救助命令を下したのが、艦長の工藤俊作中佐でした。工藤艦長は「工藤大仏」とあだ名されるほどの人格者で、人を大切にし仁義を重んじる人でした。

　当時のジュネーブ条約[1](1899年改訂)では、戦時下でも海上遭難者を救助しないで放置することは「戦争犯罪」とされていましたが、国際法上は敵の攻撃を受けるかもしれない状況であれば、放置することも免除されていました。艦船次第では、放置するどころか、波間を漂流する敵兵に対し艦上から機銃掃射をして殺害するようなこともある

中で、工藤艦長率いる雷の救助活動は異例の行動で、世界の海軍史上に特筆されるべきものと見なされています。

　工藤艦長は一部の緊急対応兵を除き、雷の乗組員全員で英兵の救助を命じ、雷に収容した英兵の数は雷の乗組員の約2倍の422名にも達しました。自力で救助用梯子や棒を使って甲板に昇ってこれない英兵のために、雷の乗組員自ら海に飛び込み英兵を引き上げることもあったそうです。また、救助した英兵の体を洗い、食料と飲料水と衣服を提供し、工藤艦長が英兵に対し英語で次のように挨拶をしたそうです。

> You had fought bravely.
> Now you are the guests of the Imperial Japanese Navy.
> I respect the English Navy, but your government is foolish to make war on Japan.（恵、p.258）
> 　（訳：諸君は勇敢に戦われた。でも今は日本帝国海軍の名誉
> 　　ある客人です。私は英国海軍を尊敬しています。
> 　　しかしながら貴国の政府が日本と対戦する道を選ばれたの
> 　　は愚かな判断でした。）

　このような挨拶で救助され捕虜となった英兵に語りかけた背景には、工藤艦長の他者を思いやる心と共に、帝国海軍創設以来の、英国海軍との長い友好関係があったことも推察されます。

　日本は1902年に日英同盟[2]を結んでいますが、帝国海軍の艦隊編成や戦術や乗員の訓練など、多方面にわたり英国海軍に学んできた歴史がありますので、敵味方になった状況でも相手に対する敬意を表したものと思われます。

　英兵は、最初は近郊に基地を持つ、オランダ艦船による救助に一縷の望みをかけて海上を漂流していましたが、その可能性がないことを悟り、英兵は絶望し、雷に発見された時には殺害されるかもしれない恐

怖を抱いていましたので、最後には思いもかけない形で救助され、温かく処遇されたので、英兵たちは喜びと感謝の念で一杯でした。英兵たちは翌日近隣の港に停泊中のオランダの病院船に引き渡され、この英兵の救出劇は終わりました。

　この救助劇の美談は戦中戦後を含めて、誰も知らないまま長い時間が流れました。その理由は、工藤艦長がこの救助の直後に転任し、戦後も自らその経験を語ることがなかったことと、雷がその後の戦闘で沈没し、乗組員がほぼ全員戦死したため、語る人がいなかったことにあります。ただ、救助された英兵は長くこのことを記憶に留め、感謝していました。とりわけ後にイギリスの外交官として活躍するサミュエル・フォール卿(Sir Samuel Falle)の想いは強く、何とかして自分を救助してくれた恩人に御礼を言うために、1979年の海上自衛隊練習艦隊の英国ポーツマス寄港時に、工藤艦長の所在の捜索を依頼して以来、ずっと探していたのです。この時は工藤氏の戦後の生活に関する情報不足などで、海上自衛隊が本格的な動きをすることはありませんでした。

　その後この想いは思いがけない形で実現していくことになります。まず1987年にフォール卿が、アメリカ海軍の著名な機関紙の*Proceedings*に投稿した、工藤艦長指揮下の雷の英兵救助劇を描いた記事「武士道(Chivalry)」を通じて、日本の防衛省も知ることとなり、この話しに感銘を受けた当時の海上自衛官の恵隆之介氏が、工藤氏の所在の本格的な捜索を始めたのでした。残念ながら工藤艦長は1977年には死亡していることが判明しましたので、フォール卿は1987年に工藤艦長の墓参と遺族への感謝のために初来日しますが、この時は目的を達成できないまま、恵氏に墓と遺族の所在を探してくれるように依頼して、帰国せざるを得ませんでした。

　丁度時期を同じくしてこの年は、昭和天皇が英国を公式訪問した時ですが、戦時中に日本軍の捕虜になってひどい仕打ちを受けた元英国兵たちが、天皇訪問を阻止する動きを見せていました。これに対してフ

ォール卿は、現地の有力新聞の『タイムズ』(Times)誌に戦時中に日本軍から受けた温情について記事を投稿し、現地の反日感情を和らげるために貢献してくれました。その後1996年には、フォール卿の回顧録である *My LuckyLife in War, Revolution, Peace & Diplomacy* (The Book Guild Ltd., 1996)を出版し、その扉に下記の文言を示しました。

> This book is dedicated to Merete and our children, Stina, Sam, Anna Catharina and Helena, who made my life lucky, and the late Lieutenant Commander Shunsaku Kudo of the Imperial Japanese Navy, who saved it.
> （訳：この本は私の人生を幸運なものにしてくれた妻であるMereteと私達の子供であるStina, Sam, Anna CatharinaとHelena、並びに私の幸運な人生を助けてくれた大日本帝国海軍の工藤俊作中佐に捧げる。）
> (Falle, 1996, p.v)

　この文言が示すように、フォール卿がどれほど深く工藤中佐に感謝していたかが伺えます。
　フォール卿は、2003年に海上自衛隊護衛艦「雷」の観艦式[3]に招かれて日本を再訪問し歓迎を受けますが、恵氏や関係者の尽力で工藤艦長のお墓と遺族の所在地も判明したため、2008年には89歳の高齢であり健康不安を抱えながらも、フォール卿は何としても感謝の想いを伝えたいとの一念で三回目の来日をし、埼玉県川口市にある工藤艦長の墓前に参詣したのでした。実に66年もの長きにわたり、工藤艦長をはじめ雷乗組員に救助された恩義を忘れることなく、消息を探し続けたフォール卿の振舞いには、生きるか死ぬかの極限状況で人が命を救われるということと、救助され捕虜の立場に置かれても、敬意を持って処遇されたことが相手への感謝と敬愛の情となって継続し、人と人が

平和に交流する礎になっていることを物語っていると思われます。

　フォール卿は、雷での経験を日本の「武士道」と呼びましたが、このような武士道が意味するものは何でしょうか。フォール卿自身の言葉では、「日本の武士道とは、勝者は驕ることなく敗者を労り、その健闘を称えることだと思います」（恵、p.259）となっていますが、別の言い方をすると「相手への敬意を持ち、立場に関わらず同等に処遇し、悩める人や弱い人には手を差し伸べ、必要な時には危険を冒してでも果敢に戦う強い心を持った人」となるかもしれません。

　工藤艦長はこの武士道の体現者ということになりますが、実際の部下の指揮においても、できるだけ部下を尊重し、あまり階級の壁を作らないようにしていたことが報告されています。

　また海軍で横行していた「鉄拳制裁」も固く禁じ、理不尽な部下の扱いをしないようにしていたそうです。少々の部下の失敗にも寛大な態度をとり、叱責して委縮させるよりも、失敗の原因を考えさせ再発防止を図ること、また褒めて育てることに力点が置かれていたように思われます。工藤艦長が育った山形の家庭は情が深く温かい環境であったことや、工藤艦長が学んだ海軍兵学校では、紳士の育成のために徳育が重視されたことも、その人格形成に影響しているように思われます。武士道を具現化したような工藤艦長の振舞いがあったればこそ、フォール卿も大きな感銘を受け、長きにわたって工藤艦長から受けた恩義を忘れることがなかったのではないでしょうか。

（注）
1) ジュネーブ条約：1864年にスイスのジュネーブで締結された条約で、戦時国際法における「傷病兵と捕虜の待遇改善」を目的としている。赤十字国際委員会が提案したことから、「赤十字条約」とも言われる。
2) 日英同盟：日本と英国との間に1902年に結ばれた軍事同盟で、ロ

シアの極東進出を防ぐことを目的としていた。日露戦争時は諜報や資金調達等で英国が日本を支援して、戦争の勝利に貢献してくれた。1921年のワシントン海軍軍縮会議による4カ国条約の発効により、1923年に失効した。

3) 観艦式：軍の指揮高揚や、国民の軍事力への理解促進や、国際交流などを目的として海軍が所有する艦艇を見学すること。起源は14世紀のイギリスにあるとされるが、日本では1868年の明治天皇の観閲が最初である。不定期に行われる大規模な行事である。

第二章　救命が紡ぐ友情

〈エルトゥールル号の救難〉

イスタンブール港に停泊中の
エルトゥールル号
(写真：串本町役場)

神戸救護病院で治療を受けた生存乗組員
着用する白衣は昭憲皇太后からの見舞品
(写真：串本町役場)

トルコ軍艦遭難慰霊碑
5年に一度日本・トルコの
合同慰霊祭を開催
(写真：串本町役場)

〈ポーランド人孤児救済〉

東京で食事を楽しむ
孤児たち
　　(写真：日本赤十字社)

東京の福祉施設「福田会」
の敷地で過ごす孤児たち
　　　(写真：日本赤十字社)

大阪市立公民病院看護婦寄宿舎での集合写真
　　　　　(写真：日本赤十字社)

第二章　救命が紡ぐ友情

〈オトポール事件〉

満州国への入国を待ちわびるユダヤ難民
（注）ロシア人という説もある
（写真：樋口季一郎記念館）

満州国ハルビン特務機関長
時代の樋口中将
（写真：樋口季一郎記念館）

第3国脱出に使われた「樋口ルート」
：主として大連経由の海路で上海へ移動
（写真：樋口季一郎記念館）

〈命のビザ〉

杉原千畝氏がリトアニアのカウナス領事館でユダヤ難民に発行した、「日本通過ビザ」(通称「命のビザ」)の例。写真の左端に杉原氏の署名がある。

(写真引用元：一般財団法人Digital Smart City推進財団 Guidoor, https：//www.guidoor.or.jp/media/reunion-chiune-sugihara/)

〈The Righteous among the Nations〉(「諸国民の中の正義の人」)

杉原氏は、イスラエル政府からユダヤ人を苦難から救済した人(非ユダヤ人対象)に与えられる最高の名誉とされる「諸国民の中の正義の人」に認定され、イスラエルの「ホロコースト記念館」にその名が刻まれ、永遠に顕彰されているが、下記の基準によって選ばれた。

1. Aid was extended by non-Jews in situations where Jews were helpless and threatened with death or deportation to concentration camp.
   (ユダヤ人が無力で死や強制収容所送りの恐怖に直面した状況で支援したこと)

2. The rescuer was aware that in extending such aid he was risking his life, safety, and personal freedom.
   (支援者が援助の提供で自らの命と安全と自由を危険にさらすことを認識していたこと)

3. No material reward or substantial compensation was exacted by the rescuer from the rescued as a condition for extending aid.
   (支援の条件として被救済者が救済者に物質的報酬や相当な補償をしていないこと)

4. Such rescue or aid is attested to by the rescued persons, or substantiated by first-hand eyewitness reports and, where possible, bona-fide archival documentation.
   (救済や支援が被救援者による証言か直接の目撃報告、もし可能なら、証拠書類原本で立証されること)

(出典：イスラエル政府外務省ホームページ
https://www.gov.il/en/pages/the-righteous-among-the-nations)

第二章　救命が紡ぐ友情

〈敵兵を救助せよ〉

駆逐艦「雷」に救助される英兵

駆逐艦「雷」艦長時代の工藤俊作中佐

Samuel Falle 卿の著書(1996年)の表紙
左が Falle 卿／巻頭に工藤中佐への感謝の言葉

聖フランシスコの「平和の祈り」

神よ、私をあなたの平和の道具としてお使いください
憎しみのあるところに愛を
諍いのあるところに許しを
分裂のあるところに一致を
疑惑のあるところに信仰を
誤っているところに真理を
絶望のあるところに希望を
闇に光を
悲しみのあるところに喜びをもたらす者としてください

慰められるよりも慰めることを
理解されるよりも理解することを
愛されるよりも愛することを
私が求めますようにしてください

私たちは与えるから受けとり
許すから許され
自分を捨てて死ぬから
永遠の命をいただくのです

＜聖フランシスコ＞
　イタリアの守護聖人として敬愛されているキリスト教の修道士で、フランシスコ修道会の創立者。1182年に誕生し、1226年に没する。イエス・キリストの生き方に倣い、清貧と奉仕の生活を送った。「平和の祈り」には、キリスト教の核心をなす「アガペーの愛」(他者に対する無償の愛)と、仏教の「利他の心」(他者のためにつくすこと)がよく表現されています。平和を築く心に不可欠なものと考えます。

第三章　留学交流の実り

平和は力では得られない
平和はただ理解することで達成できる

Albert Einstein

人と人の出会いとその後の経験が、他者への想いが好意的になるか否かの分かれ道になることは、私達が日常的に感じることですが、特に異国での出会いと経験は、国内での出会いと経験以上に私達の心に影響を及ぼします。異国での体験もわずか数日という短い滞在から、1～6か月程度の中期的な滞在、そしてそれを超えるような長期的な滞在に至るまで、様々なものがありますが、とりわけ何かを学ぶためにおこなう異国での留学生活の体験がどのようなものであるかで、留学先とその国の人達への評価と長期的な関わり方に影響します。本章では、このような留学交流がプラスあるいはマイナスのどのような影響をもたらすかを、いくつかの事例を元に考察したものです。ここで扱う内容には、ごく短期間の滞在時の個人的な経験も含めて紹介しています。

第一節　ニミッツ(Nimitz)とキング(King)

　チェスター・ニミッツ(Chester Nimitz)とアーネスト・キング(Ernest King)は、いずれも第二次世界大戦当時のアメリカ海軍の提督です。ニミッツは太平洋艦隊司令長官として連合国の勝利に貢献しましたし、キングはその上官としてアメリカ海軍の総指揮をとり貢献しました。この二人は、まだ海軍兵学校を卒業して間もない若き少尉候補生だった時に、日本を訪れました。ニミッツは、1905年に当時乗船していた戦艦オハイオと共に日本を訪問し、その時行われていた日本海海戦の戦勝祝賀会に招かれ、日本海軍を指揮し強国ロシアのバルチック艦隊を撃破した東郷平八郎元帥と交流をする機会を得ました。その時触れた東郷元帥の人格に感銘を受け、その短時間の交流を終生誇りに思い、尊敬していました。東郷元帥の葬儀にも参列しているのは、その気持ちをよく象徴しています。

キングは、1905年に軽巡洋艦シンシナティの乗員として横須賀に寄港した際に、観光のため鎌倉を訪れましたが、そこでスリに遭い財布を取られてしまいました。横須賀に帰ろうにもお金がないので、鎌倉駅で自分の身分と状況を説明し、後日切符代を払うことで列車に乗車することを認めてくれるように頼みましたが、駅員が現金で切符を買わなければ列車への乗車を認めないと何度頼んでも拒否するので、やむなく着ていたコートを担保にして3等車に乗せてもらい、約1週間後に鎌倉駅を再訪し、お金を支払いコートを受けだすという経験をしました。加えて、日露戦争の勝利に沸く日本人の白人に対する傲慢な態度にも怒りを覚えたようで、この二つの日本体験がその後のキングの日本人嫌いを決定的なものにしたようです。

　キングはこの不愉快な経験を終生覚えていて、日本と日本人に対する嫌悪感を持ち続けました。1932年にキングは海軍大学校で学びましたが、その時に出題された「対日戦略検討課題」に対するレポートの中で下記のような内容を書いていますが、このことが彼の日本人観をよく表しています。

> 敵"オレンジ"(日本)は、我々を不利な対外戦にひきずりこんで打撃を与えようとするだろう…カマクラの体験は、私に日本人の二つの特性を教えてくれた。ひとつは、財布をうばうのに暴力よりはスキをねらう技術を重視するということであり、もう一つは駅員の態度が象徴している如く、相手の不利に容赦しないということだ。この二つの特性が軍事面で発揮されれば、日本の戦争のやり方が奇襲とあらゆる方向への前進基地推進を基本にすることは、容易に想像できるはずだ
> (児島、pp.45–47)

　一方、ニミッツはキングとは対照的に、若き少尉候補生だった時の

東郷元帥との交流の感激を終生忘れずに、太平洋戦争では日本と敵味方に分かれて戦わざるを得なかったにも関わらず、終戦後は日本と日本人のために驚くべき貢献をしてくれています。一つは、日露戦争の時の日本海軍の旗艦であり、東郷元帥が乗船して戦闘を指揮した「三笠」が老朽化して、修理も施されないまま放置されている姿に大きな同情を寄せ、自らが書いた戦争の記録(『太平洋海戦史』)を出版して得た印税を全て三笠の修復のために使い、また寄付を集める先頭に立って多くの人達に働きかけてくれたことです。本来なら日本人がやるべきことを、かつての敵将のニミッツが代わりにやってくれたことには、彼の並々ならぬ東郷元帥、ひいてはかつて世界の三大海軍(英国・米国・日本)と言われた旧帝国海軍に対する敬愛の情を感じることができます。

　二つ目は、太平洋戦争の日米の激戦地であるペリュリー島[1)]に戦没した日本兵のため建立された慰霊碑に、下記のニミッツの言葉が刻まれるほど、日本人に対する尊敬の念を示してくれていることです。

> "Tourists from every country who visit this island should be told how courageous and patriotic were the Japanese soldiers who all died defending this island."
> (Pacific Fleet Commander in Chief (USA), C.W. Nimitz)
> (訳：この島を訪れる全ての国の旅行者は、この島を守って全員が玉砕した日本兵が、どんなに勇敢で愛国心に満ちていたかを伝えられるべきである。)

キングとニミッツの日本及び日本人に対する対照的な想いの違いはどこから来るのかを考えますと、若き青年将校の時の日本訪問での経験の差にあるように思われます。キングは鎌倉で実に不愉快な経験をし、ニミッツは東郷元帥と親しく交流するという栄誉を得ることがで

きました。このような経験の差が二人に与えた影響は、それが若き日の瑞々しい感性を持った時期であるからこそ、その後の二人の心に長く残ったのではないかと思われます。

このような経験は言語も文化も異なる外国での経験であればなおのこと、その違いに対する事前の知識や理解がなければ、より大きな負の遺産として、その人に影響を与えるものと思われます。私達がニミッツとキングのエピソードから学ぶべき教訓は、「他者には親切であれ」、とりわけ困っている人にはその事情を聴き、助けられることがあれば、可能な範囲で支援してあげることだと思います。相手が言葉も通じず、滞在国のルールやシステムや慣習などを知らない場合は、特にそうしてあげる必要があります。

日本には仏教思想を基にした「袖すり合うも多生の縁」という諺がありますが、これは仏教の六道[2]を輪廻して何度も生まれ変る中で、前世で結ばれた縁もあり、人との出会いは偶然ではなく深い因縁によって生じるものなので、どんな出会いでも大切にしなければならないという教えです。この教えを活かして、キングに応対した鎌倉駅の駅員も彼を丁寧かつ柔軟に処遇していたら、キングの日本人観も、肯定的なものになっていたかもしれません。

もう一つの教訓は、「相手に対する多面的総合的理解の必要性」です。人には多様な側面がありますので、短期間に一度や二度の関わりを持ったからといって、その人の全体像がわかるわけではありません。従って、長期にわたり相手の多様な側面を総合的に知る努力をすることで、相手に対する理解が深まり適切な評価ができることになります。キングも鎌倉での不愉快な体験だけではなく、それ以外の日本人との交流や体験をしていれば、違った日本人観を持つこともできたのではないかと思われます。

世界を平和なものにするためには、上記の二つの教訓が役に立つものと思われます。

（注）

1) ペリユリー島：南太平洋のパラオ諸島の一つで、第一次世界大戦後に日本が委任統治した島である。太平洋戦争では1944年9月から11月にかけて、日米間で激戦が行われ、中川州男大佐の指揮する持久戦で、米軍は日本軍の強い抵抗にあい、日本軍は約1万人の戦死者を出し後に玉砕、米軍も戦死者約1700人、負傷者約7200人で損耗率が40％という手痛い被害を被った。戦後アメリカ太平洋艦隊司令長官を務めたニミッツ提督が、勇敢に戦った日本兵を称えた碑文を残した。

2) 六道：仏教において衆生が持つ業のせいで、輪廻転生する六つの世界（天道・人間道・修羅道・畜生道・餓鬼道・地獄道）を示す。

第二節　周恩来の日本留学

中華人民共和国の総理大臣として、1949年の建国以来、亡くなる1976年まで26年間の長きにわたり、中国の国家運営の中枢を担った周恩来は、若き日の1917年から1919年まで約1年半にわたり、日本に留学をしていました。その目的は明治維新以来急速に近代化を進めてきた日本をよく知り、将来の中国の発展に貢献するために、日本の高等教育機関で学ぶことでした。その前準備として東京で暮らし、日本語を学びながら入試に備えたのでした。ここでは周恩来の足跡を長年にわたって研究してきた王敏氏の『周恩来と日本－日本留学の平和遺産－』（三和書籍、2022年）を参考にして、周恩来と日本の関係を辿り、平和構築との関係を考察してみます。

まず周恩来の日本留学の背景となった中国の社会状況を振り返ります。1616年に女真族が中国東北部に「後金」として建国した王朝が、1636年に「清」と改名し、その後275年にも及ぶ王朝を中国で保ちましたが、1911年の辛亥革命[1]を経て、1912年初頭に終焉を迎えます。

清は1842年のアヘン戦争[2]以降は欧米列強に国内を浸食され、「租界」に代表されるような治外法権の地も多数存在するようになり、徐々に国力は衰退していました。清朝も、1871年に李鴻章の指導で北洋艦隊を編成し、外国勢力の侵略に抵抗もしましたが、予算不足や兵の訓練不足などから、1895年には日清戦争に敗北します。また外国人排斥を目的として「扶清滅洋」[3]をスローガンに1900年には義和団の乱[4]が起き、これを好機と見た清朝は、英米仏など8カ国に宣戦布告をして闘いますが、瞬く間に鎮圧され、1901年には「北京議定書」で賠償金の支払いと外国軍の国内駐留を認めることを余儀なくされ、国力は益々弱体化していきます。

　このような清朝の弱体化を社会背景として、清朝自体が従来の社会運営を見直して、王朝の改革に取り組もうとしました。その一つが「教育改革」でした。1872年に清朝初の官費留学生30名をアメリカに留学させますが、より近隣にあり歴史的交流も文化的基盤も類似している日本にも関心が向いていきます。

　それは日本が明治維新に成功し、富国強兵と殖産興業の2大方針の下で、急速に近代国家としての実力を磨いていたからでした。この清朝の政策に呼応して、中国の現状と将来に対する深い憂慮を抱く優秀な若者が日本に留学をしました。その第一陣は、日清戦争直後の1896年に官費留学生として日本に来た13名でした。

　彼らは嘉納治五郎の指導の下に、東京高等師範学校で学びました。嘉納は幼少から中国の古典である四書五経を学び、妻の父は漢学者で中国の天津領事を務めたこともある人でしたので周りには常に漢学・中国文化がありました。また嘉納は西洋の学問にも通じた人で、「智・徳・体」の三育主義にはイギリスの思想家ジョン・ロックやドイツの教育家ヨゼフ・バゼドウの思想を取り入れていました。嘉納は「和漢洋」の学びを大切にしましたが、その中でも根底には儒学と漢学があったと思われます。また教育を最高の職業であると考えた人ですし、アジ

ア初の国際オリンピック委員も務めた国際人でもありましたから、中国人留学生を指導する役割を担うリーダーとしては適任であったと思われます。

　清朝からの日本への留学生は徐々に増え、その受け皿として嘉納は、1899年には「亦楽書院」を設け、その後1902年に正式な中国人教育機関として「弘文学院」（後に「宏文学院」に改名）へと進化させます。この宏文学院は、1909年には清朝と日本政府が合意した、新たな留学生受入策「五校特約」5)のために閉鎖されますが、開設から閉鎖までの7年間で7,192名の中国人留学生を受入れ、3,810名が卒業し、その後の中国発展に大きな寄与をしました。このような留学生の中には文豪の「魯迅」や辛亥革命で活躍した「黄興」、あるいは中国共産党創設者の一人となった「陳独秀」や「李書城」などを、含んでいます。

　嘉納は中国人留学生が日本語の問題で苦労しているのを支援するために、静岡県の小学校や佐賀師範学校での教師経験を持ち、『佐賀県方言辞典』を出版した松本亀次郎に、中国人留学生のための教科書作りを依頼しました。松本は約3年の短期間で18種類の日本語教科書を編纂し、30年間にわたり中国人留学生に利用されることとなりました。その教育法は「和文漢読法」と呼ばれ、当時の日本語は文章表記において中国語とほぼ同じ文語体が用いられていた特徴を活かしたものでした。このような松本の教材と教育法は、中国人留学生の学習を大いに助けることになりました。松本は宏文学院が閉鎖された後は、北京の京師学堂で一時期教鞭をとりますが、帰国後には「東亜高等予備学校」を東京に設立し、中国人留学生の日本語教育に生涯にわたり貢献しました。周恩来もこの東亜高等予備学校で学ぶことになります。

　これまで周恩来が日本に留学することになる清朝末期の社会状況と日本との関係を描いてきましたが、ここからは周恩来に的を絞ってさらに背景事情を確認し、周恩来が日本に留学するに至る経緯を明らかにします。周恩来は1898年に江蘇省淮安市で誕生し、家庭の事情で

第三章　留学交流の実り

伯父・伯母に育てられ、転居に伴い瀋陽や天津などで教育を受けます。1917年に天津の南開学校を優秀な成績で卒業し、同年の秋から日本へ留学をします。

　周恩来の留学の動機は、世界の先進国から立ち遅れた中国を改革し、中国を興隆させるために学ぶことでした。彼が日本を留学先に選んだ理由について王敏氏は、伯父が辛亥革命を行った「同盟会」のメンバーで日本をよく訪れていたこと、小学生の時に同じく同盟会メンバーであった陳天華の進歩的思想に触れ啓発されたこと、南開中学校で愛国主義者の張伯令の指導を受けたこと、日本通であった陶大均一家との交流があったこと、そして日本の法律学校を参照して創設された天津政法学堂に学んだ于樹徳がほぼ同時期に日本に留学し、周恩来に留学資金の一部を支援したことを挙げています（王敏、p.81-85）。加えて、当時の日本は大正デモクラシーの全盛期で、平和・自由・繁栄を享受し、東京は民主主義・社会主義・無政府主義といった政治思想の中心となっており、周恩来にとって魅力的な留学先に思えた可能性もあります。

　周恩来は中国で大同社会を築くために、明治維新を起こし近代国家の形成に成功してきた日本で、その目的に役立つ知識や経験を得るために来日しました。「大同」とは「天下が栄えて和平になること」また「利己主義がなく相互扶助の行きわたった理想的な社会状態」（広辞苑、第六版、岩波書店、2015年）を表す言葉ですが、中国人が清朝末期以来置かれてきた苦難や、辛亥革命を経ても袁世凱[6]の権力掌握による、社会の不安定さを経験してきた周恩来は、中国の諸問題を解決し安定した豊かな国民生活を実現させるために、生涯をかけて取り組もうとしたのでした。

　周恩来は日本留学中に二つの目標を持っていました。一つは東京高等師範学校か第一高等学校に入学し、公費留学生として学ぶこと。もう一つは周恩来が「三宝」と名づけた「新しい思想、新しいこと、最

新の学問」を学ぶことでした。その学習姿勢は、「日本と日本人に関することは何でも見てやろう学んでみよう」というものでした。このことは周恩来自身の東京滞在日記に、「どこでも学べるのに、なぜ教科書からしか学ばないのか？日本に来てからは、何事も学業の目線で、日本人の一挙手一投足、あらゆる行動に気づくべきだ」（前掲、p.93）と記されていることからもわかります。

このような目標と姿勢で周恩来は規則正しく東京高等師範か第一高等学校に入学できるように、東亜高等予備学校と自宅を往復しながら一日13時間もの勉学に励みましたが、優秀で勤勉な周恩来でも、わずか1年程度の日本語学習では、日本人の優秀な受験者でも手を焼くような問題を、しかも全て日本語で出題される入学試験は難しく、入学を目指した第一高等学校と東京高等師範学校の入学試験に合格できませんでした。

周恩来は「何でも見てやろう学んでみよう」の精神で、勉学の合間をぬって気分転換と庶民の生活の一端を知るために、浅草で映画を見たり、上野公園などを散策したり、本屋で立ち読みしたり、中華料理店で食事をしたりしています。また東京高等師範と第一高等学校に不合格になった後は、少しでも新しい知識を得るために、明治大学政治経済学科の授業を聴講したり、京都大学でマルクス主義経済学者の河上肇の講義も聴講しています。また積極的に友人と交流し、日本の多様な側面を知るために靖国神社のような国策と深い関りがある場所や、近代的な生活に関わる三越呉服店のような商業施設や、歴史の重みを感じさせる京都などを訪問しています。

とりわけ帰国前の約1カ月を京都で過ごしていますが、嵐山と琵琶湖を訪れ、そこに大同に由来する中国古来の「地平天成」（「平和な世の中」を意味し、日本の元号「平成」の出典となるもの）の理想を具現化した「兎の治水」[7]の姿を見出しています。兎の治水により中国では農業生産が向上し、人々の生活を豊かに安定したものにしています

が、治水を担当する家柄に生まれた周恩来は、江戸時代に治水事業に大きな功績を遺した角倉了以[8)]に強い関心を持ち、角倉ゆかりの嵐山と、当時の科学の粋を集めて日本人の力で完成させた、琵琶湖流水トンネルを見学しています。

　この訪問で周恩来は、中国の歴史・文化と日本の歴史・文化の長く深い繋がりを確認することができましたので、帰国後の中国でも大同を目指して、日本の近代化の知恵と成果を活かすことができると確信したのかもしれません。この意味では、日本留学を締めくくる良い旅であったと思われます。周恩来は、この京都訪問の折に二つの詩を残しています。「雨中嵐山」と「雨後嵐山」です。その中で描かれる京都の桜の季節の美しさは、周恩来が生涯にわたり忘れることができなかった風景であったようです。

　このように勉学以外の経験も含めて、周恩来は日本と日本人のことをよく学んでいますので、これらのことが周恩来の対日観を形成したものと思われます。そしてこの日本留学の経験が、戦後断絶していた日中国交を1972年に回復するのに役立ちます。青春の日々を過ごした日本と日本人に対しては好意的な感情を持ち続けていてくれたように思われます。1910年代から45年の敗戦に至るまでの日本の中国に対する強圧的な態度や行い、また戦時中の残虐行為など、中国人ならけして許すことができない感情を周恩来も共有していたと思われますが、それでも日本留学中の良き経験や思い出も忘れることができずに、戦後の日中国交回復に力を注いでくれました。

　戦後の日中国交回復に向けての動きは、最初は民間交流から始まりました。1953年に日本平和擁護委員会の委員長であった大山郁夫氏との面談で、周恩来が「日本との国交正常化」への希望を述べたのを皮切りに、日本赤十字社と中国赤十字社の協力で進めた「在華邦人帰国引揚事業」や、60年代の半官半民による「LT貿易」[9)]のようなもの、あるいはピンポンのようなスポーツ交流へと徐々に日中交流の領域が

広がり、70年代の国交正常化の土台作りが進みました。周恩来は日中間の国交が回復していない1953年から1972年までの19年間に、日本からの客人との面談を287回、代表団との会見を323回行ったとされています(前掲、p.184)が、周恩来の日本との関係正常化に対する並々ならぬ強い想いを感じることができます。

　1972年9月に田中角栄総理一行が北京に到着すると、周恩来自ら空港で出迎え、相互の話し合いを経て国交を回復させました。歓迎の晩餐会の折には、田中総理の挨拶の中の「中国に迷惑をかけた」という表現が、中国語で「(軽い)迷惑」をかけた程度という誤解を招く表現で通訳されたために、会場が一瞬凍り付くような雰囲気になったにも関わらず、周恩来はその場をうまく取り繕い、最終的には国交回復の外交文書を交わすことができたのでした。その成果を祝う宴席では田中総理が酒に酔い足元がふらつくような状況下で、周恩来が腕を回して転倒しないように支えてやるような気配りも見せてくれました。

　周恩来はこのようにして戦後の日中国交回復を実現してくれましたが、なぜここまでの尽力をしてくれたのかについては、周恩来自身が「日本と中国の間に、人生、哲学、経済、文化、生活習慣に至るまで、中国とは切っても切り離せない関係がある。…歴史上、私たちは互いに文化交流を行い影響を与え合ってきました。つまり正常な往来を行えば、中日の文化交流発展に遥かな前途が開けるのです」(前掲、p.206)と語っていることから、周恩来が日本留学を含めて、日中双方の歴史や文化や人間の交流について深い知識と理解を持っていたことがその根底にあることがわかります。

　1919年4月に日本留学を終え帰国して以来、周恩来は日本を一度も再訪することができないまま、日中国交回復後に病の床に伏し、1976年1月に帰らぬ人となりましたが、日本留学時代を懐かしんで、「もう一度京都の桜が見たい」という願いを持っていたと言われています。周恩来は1919年4月の帰国直前に京都を二回旅し、その春を堪能しま

した。その時の気持ちを表した「雨中嵐山」と「雨後嵐山」の漢詩が残されており、後に関西経済人の協力で建立された周恩来を記念する「周桜の碑」に、この詩が刻まれています。

　これまで周恩来の日本留学とその前後の生活について見てきましたが、平和構築との関係を考えてみますと、周恩来自身が実践したように、異なる世界の人を「多面的総合的に知識と経験を含めて理解すること」の大切さがわかります。また短期的な判断を下さず、長い交流の歴史に目をやり、良い時も悪い時も含めて相手との関係を理解すること。加えて「継続して交流すること」の大切さも感じることができます。周恩来は帰国後は日本の対華21か条要求[10]に反対し、その撤回を求める「五四運動」[11]に参加し、日本の帝国主義的振舞いに抵抗し、その後は中国共産党に入党、日中戦争後は抗日戦線で日本と戦うという敵味方の関係となりましたが、日本と日本人に心から敵対したわけではなく、上述したような考えを持って日本・日本人との関係を大切にし、交流を継続してくれたと思われます。

（注）
1) 辛亥革命：1911年に中国の清朝を倒すために起きた武力革命。孫文がリーダーを務め、日本人の梅屋庄吉や宮崎滔天らが支援した。1912年に清朝は終焉を迎え、同年にアジア初の共和国である中華民国が成立した。
2) アヘン戦争：1840年から2年間行われた、清朝と英国とのアヘンの輸入販売をめぐる両国間の戦いで、敗れた清朝は南京条約で香港の割譲を強いられた。
3) 扶清滅洋：清朝末期の1900年に、キリスト教と外国勢力の追放を狙った義和団の乱の折に掲げられたスローガンで、清朝を助け欧米諸国を中国から追放することを目的としたもの。
4) 義和団の乱：上記3) のとおり。

5) 五校特約：中国から日本への正規留学生の教育条件を整備するため、清国政府と日本国文部省との間で交わされた特約で、中国からの留学生は指定された五校（第一高等学校・東京高等師範学校・東京高等工業学校・山口高等商業学校・千葉医学専門学校）で学ぶことを定めたものである。1908年に始まり15年間で165名の中国人留学生がこの五校で学んだ。

6) 袁世凱：清朝で李鴻章に仕えた軍人で、辛亥革命後は孫文に代わり革命政府の大総統となったが、独裁色が強くその後の政権運営も安定せず、1916年に病没した。

7) 兎の治水：中国の夏王朝を開いた兎は、治水の神様として中国で尊敬されている存在。その功績は伝説となって長く中国に残り、各地に兎王廟があり、その影響は日本にも及んでいる。

8) 角倉了以：戦国時代から江戸時代初期に活躍した京都の豪商で、私財を投じて大堰川や高瀬川のような川の治水に尽力し、地元では「水運の父」とも言われる。

9) LT貿易：1962年に国交が未回復の状態で、日本政府と中国政府が、それぞれ政府保証をつける形で始まった貿易のことを指す。中国代表と日本代表の名字の頭文字をとってLT貿易と呼ばれる。

10) 対華21か条要求：1915年に、日本政府が中国の袁世凱政府に提示した21か条の要求のこと。その内容は、満蒙の日本権益や在華日本人の法益保護などに関するもので、中国にとっては屈辱的な内容となっており、その後の五四運動を引き起こす契機となった。

11) 五四運動：日本の対華21か条要求を契機に、1919年に北京で発生した抗日・反帝国主義を掲げる学生運動で、全国に普及した。

第三章　留学交流の実り

第三節　AFS留学

　AFSとは世界各国の若者の交流を通じて、相互理解と相互の信頼を深め、平和な世界を構築することを目的とした非営利の国際教育団体です。元々はAmerican Field Serviceという名称で運営されていましたが、その理由は発生の経緯にあります。第一次世界大戦（1914年－1918年）では約1,600万人の死者と約2,000万人の戦傷者が出たとされていますが、この中には1917年から参戦したアメリカ人も含まれています。この兵隊たちの救援のために戦場に赴き、傷病兵の救護輸送を行ったボランティアの「アメリカ野戦奉仕団（American Field Service）」の人達が、戦争の惨禍に心を痛め、終戦後に平和な世界を築くためには、国境を越えた若者の交流を通じた、相互理解と相互信頼を醸成することが必要であるとの認識から、この交換留学制度が始まったことに、その名前の由来があります。

　AFSは現時点で約60か国の加盟国を持ち、約100か国を超える国々と交流を行っています。日本では1954年にAFS一期生８名が渡米してから活動が始まり、2024年に70周年を迎えました。AFSの活動は、第一次世界大戦終了直後の1919年にアメリカで非営利・非政府のボランティア団体の活動として始まり、当初は大学生の交流を行っていましたが、1947年からは高校生の交流が中心になりました。その理由は、まだ基礎的人格形成の成長過程にいる高校生のほうが、大人としてその考え方や行動が確立しつつある大学生よりも、その瑞々しい感性で様々な違いを柔軟に受け止め、異文化世界の人達と交流ができ、AFSが狙いとするより良い相互理解と相互信頼が形成されやすい事が背景にあると思われます。

　このような考えから、AFS活動はその理念と目的に賛同するボランティアスタッフで運営され、派遣国と受入国に本部組織と地域ごとの

支部があり、誰を留学対象者として派遣するかは派遣国が選考し、その選考結果によって得られる情報を基に、受入国の本部と支部は、派遣生をどの地域・学校・ホストファミリーに配置するかを決定します。また各国の本部と連携しながら、世界全体の活動を統括する国際本部が、アメリカのニューヨークにあります。

　このようにAFS活動は各国の本部と支部、そして地域社会・派遣あるいは受入れに関わる学校とホストファミリーが一義的には関与しますが、留学生の家族とホストファミリー、そして留学生の学校での教師や友人たちとの繋がりも生まれ、そのネットワークは時間と空間を超えて長期にわたる交流へと広がってきたのです。このAFS制度がこれまでに諸外国に派遣した留学生の総数は50万人以上であり、1954年から始まった日本だけに限定しても、2023年までに22,400名もの人が諸外国で学ぶ経験をしていますので、その人的ネットワークの広さと深さは相当なものがあります。

　世界平和の構築という観点から見ると、まさにこのAFS活動が生み出している「人と人の繋がり・人的ネットワークの広がり」こそが宝物と言える存在です。AFS留学生は派遣国の家庭に「家族の一員」として配置され、受入国のホストファミリーもAFS留学生を「家族の一員」として受け入れることを前提としていますので、家庭内のルールに従って暮らすことが留学生にも求められます。起床や就寝の時間、食事の作法、家庭内の役割分担、スポーツや文化活動、旅行、宗教行事、親戚との交流など、あらゆる面で家族の一員として行動することが前提となっています。そしてこのような家族の一員としての行動を共にすることで、学生寮などで暮らす一般の留学生や短期の観光旅行などで訪れる人にはわからない、派遣国と地域社会あるいはホストファミリー独特の文化や価値観や社会的ルールなどを理解できるようになるのです。

　このようなAFS活動の理念が具現化された、日本人の元留学生S氏

第三章　留学交流の実り

の例を紹介します。S氏は日本からの１期生が渡米した1954年に生まれ、現在70歳の男性です。S氏は日本が高度経済成長期に入ったとはいえ、まだ国民生活は貧しく、三種の神器と言われた「テレビ・冷蔵庫・洗濯機」が十分には国民間に普及していない子供の頃から、テレビで見たり、親類から伝え聞いた豊かなアメリカの生活に憧れ、将来は必ずアメリカに行くことを心に決めていました。

　S氏はこの目標を達成するために、中学生になると初めて学んだ英語学習に打ち込みました。幸いなことにアメリカ研修の経験もあり、優れた指導力を持つ20台後半の英語のＴ先生に３年間授業を担当してもらい、発音・文法・構文・語法といった言語知識のみならず、アメリカの社会や文化についても担当教員の経験談や写真や書籍などから学ぶことで、バランスのとれた異文化コミュニケーション能力の基礎を身につけることができました。

　S氏は中学校ではＴ先生の指導の下で、課外活動として英語弁論の練習にも励み、高松宮杯全国中学生英語弁論大会の県予選にも出場しました。またＴ先生の指導で英語劇の練習にも取り組み、文化祭ではその練習の成果を披露したこともあります。さらに、S氏は学校の授業に加えて、自宅ではNHKのラジオ英語会話やテレビ英語会話も視聴し、番組を通じて英語の世界の学びを深めて行きました。英語での発話能力向上のために、当時の英語教育の理論的支柱となっていた構造言語学[1]を基にした、パターンプラクティス[2]を使って日々口頭練習に励みましたので、中学３年生になる頃には授業中に英語で質問をすることができるほどになっていました。

　高校に入学するとS氏はAFS留学に応募できる年齢となり、いよいよアメリカ留学への想いは強くなり、それに比例して英語学習に熱心に取り組みました。高校ではフルブライト留学生としてアメリカの大学院を修了されたＮ先生に師事することができ、課外活動でも毎年のようにAFS留学生を輩出していた英語研究部（ESS：English Speaking Society）

に所属しました。N先生の指導は今の「イマージョン」(Immersion)教育と言われるもので、あらゆることを全て学習言語である英語を使って行うというものでした。また英語研究部の活動では、その実効性は別にしても、部員間の会話は、原則として英語を使うというルールがありました。

　この間の学びでS氏の英語コミュニケーション能力は一層高まり、1年生の時には九州大学杯英語弁論大会で3位に入賞しました。その勢いに乗って1年生の夏にはAFS留学試験を受けましたが不合格となり、2年生の時に再挑戦して合格の栄誉を掴むことができました。このようにしてS氏は待望のアメリカ留学の機会を得て、3年生の夏にアメリカに飛び立ち、それから1年間のアメリカでの学びが始まったのです。

　S氏のアメリカ留学は、サンフランシスコ郊外にあり全米に知られた、名門スタンフォード大学(Stanford University)で、3日間のオリエンテーションを受けることから始まりました。信じられないほど広大で美しいキャンパスに驚き、また世界各国から来たAFS留学生との出会いと学びに、心を躍らせました。その後各留学生はそれぞれのホストファミリーが待つ場所へ向けて、飛行機やバスを乗り継ぎ移動して行きましたが、S氏の場合は中西部のキャンザス州のキャンザス市(Kansas City)まで飛行機で移動し、その後は目的地のミネソタ州ミネアポリス(Minneapolis)まで、高速バスで長い旅をしました。

　高速バスで移動中に見た、どこまで続くかわからないような広大なトウモロコシ畑に、アメリカの国土の広さを実感し、10数時間もかかる長旅を楽しんだ後に、ようやくミネアポリスのバスセンターに到着し、待ち構えていたホストファミリーとの出会いに体の疲れはあったものの、これから始まる留学生活の高揚感に包まれ、これまでの努力が報われた喜びで一杯になりました。ホストファミリーは歓迎のプラカードを数枚持って待機していましたが、S氏がバスを降りてくると一人一人が満面の笑顔を浮かべ、歓迎の挨拶をしてくれました。中で

もホストマザーからは、しっかりと抱きしめられ大きなカルチャーショックを受けました。日本人は家族間でも身体接触を持つことはほとんどない「非接触文化」に所属していますので、S氏はこのホストマザーの行動に戸惑ってしまったのです。

　それから本格的なAFS留学生活が始まりましたが、あらゆることが驚きの連続の毎日でした。ホストファミリーの乗る車は大きく豪華で、自宅が近づくと車の中からリモコンで車庫の扉を開閉できる装置があり、家の中は広くて廊下や洗面所も含めて全て一定温度になるように空調が施されており、風呂と洗面所が三カ所とシャワールーム、寝室が３つ、加えて食堂と居間とファミリールームがあり、さらに地下室には洗濯スペース・遊び空間・ベッドなどが整えられており、その贅沢な作りに感動してしまいました。家の周りは美しい芝生で囲まれた広い庭があり、ご近所の家々も美しく整ったものばかりで、まるでおとぎ話の世界に来たようでした。

　ホストファミリーは比較的若い両親（父45歳、母38歳）と弟二人（上15歳、下12歳）で構成されていましたので、S氏は18歳の長男扱いとなりました。留学地のミネソタ州オーストゥン（Austin）は、ミネアポリスから南に約160kmほど離れた所にある人口３～４万人ほどの町でしたが、農業と食肉の製造販売業などが主たる産業でした。この地に到着して学校が始まる９月１日までは約１か月ほどの猶予があったので、この間に周囲の環境に馴染むために、街を案内してもらったり、親戚や友人に紹介されたり、観劇や買物や短期旅行などに連れていってもらうなど、親切に異文化適応ができるように様々な配慮がなされていました。

　AFS留学の持つ国際親善の意味から、S氏は日本の居住地の町長から預かった親書を、Austin市の市長に届けて喜んでもらったことが、地元新聞に記事として掲載されたり、アイスクリーム店のDairy Queenの経営者が善意で店の看板に「S氏歓迎」の文字を掲示してくれたり

もして、S氏は驚きと戸惑いが多い中にも、充実感を覚える日々を送ることができました。このような充実したアメリカ生活の始まりでしたが、言葉の問題にはS氏も当初はだいぶ苦労をしたそうです。日本にいる間は実感できなかったのですが、朝から晩まで英語で全てのコミュニケーションが行なわれる環境に入ってみると、口語表現も含めた語彙の不足や、アメリカの社会システムや習慣に関する知識不足や、自然な発話速度に聞き慣れていないなど様々な原因から、S氏は相手の言うことが理解できなかったり、自分の言いたいことが伝えられなかったりと、かなり精神的にはつらい思いをしたようです。

　9月に入るといよいよ高校生活が始まりましたが、日本の高校との教育の内容とシステムの違いに、感嘆と驚きと戸惑いが混在する最初の日々でした。履修科目はカウンセラーと相談して決めること、毎日が同じ時間割で月曜から金曜まで学習すること、ホームルームはなく、生徒は直接先生の待つ教室に移動すること、授業間の休み時間は5分しかないこと、選択科目が多いこと、クラブ活動を内容に応じて夜やることもあること、一年間は2学期制であること等、枚挙に暇がないほどの違いに出会ったのでした。さらに英語能力の不足で授業内容を理解することが困難なうえに、中学も併設した大規模高校のため生徒数も多く、友人を得るのも苦労するような環境でもあり、最初の1か月ほどは緊張の連続で、留学生活を楽しむような状況ではありませんでした。

　このような多少の苦労を経験したS氏でしたが、日を重ねるごとに高校生活に適応していきました。英語力が向上するにつれて授業内容も理解できるようになり、クロスカントリー・マーチングバンド・演劇・生徒会など、複数の課外活動にも参加し、それに伴い友人の輪も広がり、女性徒とのデートも楽しめるほどになりました。学校新聞でも日本からの留学生として、何度か紹介してもらい、校内での知名度も徐々に上がっていきました。さらに地域のライオンズクラブやラジ

オ局など様々な団体から招きを受け、日本についての紹介やアメリカの生活についての感想を述べるように求められたりして、地域社会との接点も広がって行きました。

　ホストファミリーとの関係も、一緒に暮らし様々な経験を共有する中で、時には考え方の違いや理解してもらえない苛立ちを覚えながらも、全体的には相互の理解が深まり、本当の家族のような心の交流ができるようになって行きました。ホストファミリーは、比較的裕福な家庭であったこともあり、日本では経験したことがないたくさんの事を見聞し体験する機会を与えてくれました。水上スキーのようなスポーツであったり、バレーやコンサートのような音楽であったり、舞台劇や映画の鑑賞であったり、多様なレストランでの食事であったり、テキサスやメキシコへの旅行であったりと枚挙に暇がないほどでした。

　このような事を経験しながら一年間のアメリカでの留学生活を終えたS氏は、その後日本での大学生活、職業生活を送りながら、52年間の長きにわたりホストファミリーとの交流と友人たちとの交流を継続してきました。この間に、ホストペアレンツとホストブラザーの息子や友人たちが日本にいるS氏を訪問したり、S氏はフルブライト奨学金を受けて、再度アメリカの大学院で学ぶ機会を得ることもできました。また最近はインターネットを通じたメールやビデオ通話も可能になったことから、相互のコミュニケーションも手紙と電話だけの時代よりも容易になり、益々その関係を深めることができています。

　S氏のこの52年間の足跡からわかることは、言語も民族も文化も異なる人どうしでも、双方が「善意の心」で相手に接し、時には苦労や不協和音も奏でながら、長い時間をかけた交流の中から「信頼」と「敬愛」の情が生まれ、国境を越えた友好を築くことができるということです。特にホストファミリーとの関係は既に「家族」という意識であり、「平和の礎」となるものであると確信されます。

(注)
1) 構造主義言語学：言語に内在する構造を構成する要素を抽出し、要素間の帰納的連関を明らかにしようとする言語学の学派。近代言語学の父と言われるソシュールの構造言語学とは別に、アメリカ原住民の言語分析にルーツを持つ構造言語学もある。

2) パターン・プラクティス：アメリカ構造主義言語学のオーディオ・リンガルメソッドに基づく言語教授法の一つで、「文型練習」と言われる。ミシガン大学が開発した練習法であるが、太平洋戦争中はアメリカ軍の情報将校育成のために使用されたので、Army Methodとも言われる。対象となる文型を平叙文から否定文や疑問文に変えたり、時制を現在から過去・未来へ転換するなど、一つの文型を活用することで、目標とする言語の習得を促すものである。

第四節　Fulbright留学

　アメリカ合衆国と日本を含む世界の諸国とを、相互理解と友情で結び、世界の平和的発展を願って設立された制度に、フルブライト(Fulbright)留学があります。この制度は、アメリカの上院議員で外交委員長も務めた、ウイリアム・フルブライト(William Fulbright)氏の提唱で、アメリカ国民と世界諸国民との教育と研究を通じた交流を行うために、1946年に始まりました。この制度を生み出すフルブライト氏の原点は、彼が1925年にアメリカの優秀な学生に授与されるローズ奨学金(Rhodes Scholarship)を得て、イギリスの名門オックスフォード大学に留学したことにあります。彼は政治学分野での修士号の取得のために留学したのですが、この留学中に経験したことが基になり、世界の平和的発展のために何が有効かを確信するに至ったのでした。

　アメリカのフルブライトプログラムのホームページによると、この留学制度の目的について次のように説明しています。

第三章　留学交流の実り

"an international academic exchange program founded in 1946 with an ambitious goal -to increase mutual understanding and support friendly and peaceful relations in the people of the United States and the people of other countries"
(訳：野心的目標、即ちアメリカ国民と諸外国の人達との相互理解を深め、友好的で平和的な関係を支援する目標を持って、1946年に設立された国際的学術交流プログラム)

　そしてフルブライト氏自身は、イギリス留学中に得た確信について下記のように述べています。

"conviction about the importance of humanizing international relations, and 'turning nations into people'. Only by penetrating beyond abstract notions of ideology and interacting on a personal level could people understand that other countries are populated not by doctrines that we fear, but by people with the same capacity for pleasure and pain, for cruelty and kindness, as the people we were brought up within our own countries"
(訳：国際関係を人間化することと国家を人間化することの重要性についての確信。イデオロギーの抽象的な概念を超え、個人のレベルで相互に交流を持つことによってのみ、人々は他国は私達が恐れる主義や信条によって構成されているのではなく、私達自身が母国の中で育てられたように、同じ喜びや痛み、また残酷さと親切さを併せ持つ人々によって構成さ

れていることを理解することができる。)

　フルブライト氏が言わんとしていることは、国際関係、即ち、国家間の関係は「人間化される」こと、言いかえるなら個人と個人の関係のようにならなければ、本当の意味での相互理解はできないことだと思われます。様々な感情を持つ「同じ人間」として理解しあえるような相互交流こそが、より良い平和的な世界を形成できるとのメッセージです。

　このような理念に基づき始まったフルブライト留学プログラムですが、1946年の設立以来、今日までに160か国以上、約40万人の人々に教育と研究の機会を提供してきました。日米教育委員会(Fulbright Japan)によれば、日本からの留学生は1949年から1951年までのガリオアプログラム(GARIOA：Government and Relief in Occupied Area)時代に約1,000名、1952年から2023年までに約6,700名が派遣されています。一方、アメリカから日本への留学生は約3,000人が派遣されています。これらの交換留学生の学びと交流を通じて、相互理解と長きにわたる友情が育まれ、フルブライト氏が目標とした平和な世界の構築に貢献している制度と思われます。世界の歴史はフルブライト留学制度が設立された後も、世界各地で紛争や戦争が絶えることなく続いてきましたが、フルブライトプログラムの参加者たちの築いた相互理解と人的ネットワークは、このような世界の動きに反して、平和構築への力となっていくものと期待されます。

第三章　留学交流の実り

〈Nimitz & King〉

Chester　W. Nimitz 米海軍提督
(写真：U.S. Naval History & Heritage Command)

Ernest J. King 米海軍提督
(写真：U.S. Naval History & Heritage Command)

〈周恩来〉

日本留学中に仲間との記念撮影
周恩來は後列右側
　　(写真：中国国際情報センター)

日中国交回復共同声明に調印する
田中総理と周恩來総理
　　　　(写真：中国国際情報センター)

談笑する田中総理と周総理
　　(写真：中国国際情報センター)

〈AFS〉

AFSの国際的立場と役割を国際社会に発表した
ガーナの「アクラ宣言」(2017年)
(写真：©AFS Intercultural Programs)

AFS Declaration of ACCRA

With more than 1 million active global citizens in 90 countries, we pledge to harness our energies, our resources and expertise to advance our mission through these three strategic impact goals.
　　(AFS の使命達成のため3つの目標を通じ力・資源・専門性を結束活用する誓い)

1　Develop Active Global Citizens of all ages and backgrounds through intercultural learning and volunteerism to participate in the "learn-to-live-together" movement.(活動的なグローバル市民の育成)

2　Help globalize Schools and Institutions to deliver programs that build global competence and enhance collaboration.(教育機関のグローバル化)

3　Expand Access to Intercultural Education to ensure that more people from diverse and underserved communities participate in and benefit from AFS programs and initiatives.(異文化教育の普及)

We believe a just and peaceful world is only possible when the global community respects diversity, embraces inclusiveness and works together to address the world's most pressing challenges.
(公正で平和な世界を実現させる唯一の道は、国際社会が多様性を尊重し、寛容な姿勢を大切にし、互いに協力して喫緊の課題に取り組むことであると、AFS は信じる。)

(引用：AFS日本協会ホームページhttps://www.afs.or.jp内の「アクラ宣言」より抜粋)

〈The Fulbright Program〉

上院外交委員長時代のFulbright氏
(写真:U.S. Council on Foreign Affairs)

このプログラムを運営するアメリカ国務省の「教育文化局」(Bureau of Educational and Cultural Affairs)の「フルブライトプログラム概要」(Fulbright Program Overview)が示す、プログラムの特徴！

1. The Fulbright Program, the flagship international academic exchange program sponsored by the U.S. government, has fostered mutual understanding between the United States and other countries since 1946. (アメリカ政府が支援する代表的な国際的学術交流プログラムで、1946年以来アメリカと外国との相互理解を促進してきた)。

2. The program provides awards to approximately 8,000 students, scholars, teachers, artists, and professionals each year from the United States and over 160 countries. (このプログラムは、毎年アメリカ及び160以上の国の学生・研究者・教師・芸術家及び各種分野の専門家たち約8,000名に奨学金を提供している。)

3. Fulbright is unique in its binational structure, and noted for its merit-based selection process based on academic accomplishments and the potential to address complex global problems. (このプログラムは、二カ国による支援構造の点で独特で、学術的業績と複雑な国際問題への対処能力に基づく、成果主義の選考過程で知られている。)

4. Fulbrighters come from all backgrounds and are selected regardless of their race, color, national origin, sex, age, religion, geographic location, socio-economic status, disability, sexual orientation, or gender identity. (フルブライト奨学生は、あらゆる背景を持つ人が対象となり、人種・肌の色・出身国・性別・年齢・宗教・地理的位置・社会経済的身分・障害・性的志向あるいは性認識に関わらず選考される。)

(引用:Bureau of Educational and Cultural Affairs, U.S. Department of State, http://eca. state. gov/fulbright)

第四章　国際協力と支援の成果

平和とは美徳であり、心の状態であり、
慈愛・自信・正義を求める心持ちである

Baruch De Spinoza

第一節　中村哲医師の貢献

　中央アジアの国アフガニスタンと隣接するパキスタンも含めて、これらの国の人々の命を救い、政争とそれが招く戦禍や自然災害から人々の生活を再建するために、ほぼ全生涯と言っても過言ではないほどの時間と労力を捧げた一人の日本人がいます。それは中村哲（なかむら・てつ）医師です。中村氏は1946年に福岡県に生まれ、少年の頃は山登りと昆虫採集が大好きな人でしたが、やがて九州大学医学部に進学し、卒業後は精神科医や脳神経外科医として佐賀県と福岡県の病院に勤務していました。医師としての勤務を果たしながら山岳愛好家たちの「福岡登高会」に所属し、ティリチミール遠征隊に加わり、ヒンズークッシュ山脈に赴いた経験や、パキスタンの病院からJOCS（日本キリスト教海外医療協力会）へ医師派遣の要請もあり、キリスト教徒で山岳地帯への愛着も強い中村医師がそれに応じたことから、30年以上にわたるパキスタンとアフガニスタンとの運命の出会いが始まったのです。

　ここでは中村氏自身が経験を記した『天、共に在り－アフガニスタン30年の闘い－』（NHK出版、2013年）を基にして、中村氏のアフガニスタンとパキスタン両国での活動の足跡を辿りながら、人と人が協働することでいくつもの難題を解決し、その過程で築かれた信頼と友情が平和な世界を作るために、本当に必要なことであることを確認し考察します。

　中村氏の最初の中央アジアでの働きは、パキスタンのペシャワール・ミッション病院での7年間の勤務でした。この間の中村氏は主としてハンセン病の治療と予防に力を注ぎました。赴任先の病院でハンセン病治療と撲滅に尽力していた、ドイツ人ルース・ハウ女医の懇願を受けて、中村氏はハンセン病と戦うことになりました。当時のパキスタ

ン全土にはハンセン病患者が約２万人もいる中で、専門医はわずか三名という極端な医師不足に加えて、施設設備もとても病院といえるようなものではなく、惨憺たる状態であったそうです。この有様を中村氏は次のように描いています。

> 当時の病棟は、事実上チャリティー・ショーに近い状態で、実質的なものは何もなかった。患者二四〇〇名に対して病床数一六、「包帯巻きの安宿」と言った方が正確であった。押せば倒れるトロリー車が一台、ねじれたピンセット数本、耳にはめると怪我をする聴診器が一本あった。まともなガーゼ消毒はできず、オーブンでガーゼをあぶり、キツネ色に焦げたものが消毒済み、白いものが未消毒とする状態である。
> （中村、p.54）

　このような劣悪な環境の中で、中村氏は病棟の改善に取り組みました。手術場を設け、患者の再建外科を可能にしたり、病棟を拡張したり、また人手不足を補うために、患者自身に診療助手の役割を担わせたりもしました。この患者自身に一定の役割を負わせたことは、患者の生きがいのような自覚も高めて、良い影響を与えました。さらにハンセン病は手足の麻痺を起こし、特に足の障害は日常生活に致命的なため、足を守るために病棟内に「靴屋」を開いたことも大きな貢献となりました。この靴の生産と配布では、現地の人達は伝統的な履物にこだわる文化が強く、外国製の履物はバザールで転売されてしまうという事態に遭遇したことから、できるだけ現地の履物に似せたデザインの履物にし、かつ靴底に特殊なスポンジを敷くことで、患者の体重の自然な足への分散に成功してからは患者が履物を利用するようになり、結果的に足の保護そして切断手術が激減したそうです。
　このようにして中村氏は、1984年のペシャワール赴任後に現地で約

7年の歳月を過ごしますが、赴任当時は1973年から始まるアフガニスタンの政変で混乱が生じたことに乗じて、1979年から既に当時のソ連が侵攻し、封建制の温床たる農村共同体を破壊するという方針の下に、アフガニスタン国内の村落を徹底的に破壊したため、国内には大量の難民が発生し、隣国のパキスタンやイランに避難していました。ソ連は1989年にアフガニスタンから撤退しますが、この間にアフガニスタン国内では、人々は諸党派に分裂して抗争し、村落の破壊と難民の流出に拍車がかかりました。

このようなアフガニスタンと難民が流入したパキスタンの状況に応じて、中村氏はパキスタンだけでなく、アフガニスタンの人々も救うために奔走するようになります。まず1986年には「ALS(アフガン・レプロシー・サービス)」を設立し、難民キャンプでの医療活動を開始。その後に、診療所をハンセン病のみならず、他の感染症(腸チフス・マラリア・結核など)が多発する山村無医地区に設立するために尽力します。診療所開設予定地の住民との交流を深め、アフガン難民から集めた「診療員」の訓練を1988年に開始し、1990年には診療所開設予定地の調査を始めています。

1990年に中村氏は一端帰国して元の脳神経外科病院で非常勤医として勤務しながら、1983年に現地PMS(平和医療団・日本)の基金団体として発足した「ペシャワール会」[1]の活動を通じてパキスタンとアフガニスタンの人々の支援を継続しました。ソ連軍撤退後には国連組織やNGOがアフガニスタンで活動を開始しますが、1991年の湾岸戦争[2]の開始とともに、これらの国際団体はすぐに撤収し、アフガン難民の外国人不信を増幅するだけの結果となりました。またこの間も国内の諸勢力による内戦が継続し、国内の混乱は収まりませんでした。

このような困難な状況下でも中村氏とその支援者たちの無医地区解消、ハンセン病の撲滅、その他の病気の治療への想いは強く、アフガニスタン内部に診療所を開設するための現地調査、人材養成、運営組

織の企画等の準備活動は継続され、1992年3月にはついにジャララバード北部にあるダラエヌール渓谷に、無医地区初の「アフガン国内診療所(ダラエヌール診療所)」が開設されるに至りました。準備活動は1988年に開始されていますが、この間に診療所開設予定地の住民との親交を深めることと、将来の診療所運営要員の確保のために、アフガン難民の中から20名を集め訓練を施すことから始まっています。

　実際の診療所開設に至るまでには、内政の乱れからくる内戦の影響や、辺境の地での不自由な生活を嫌い、パシュトゥン族やパシャイ族に恐れを抱く、都会出身の医師の抵抗など様々な障害を乗り越える必要がありましたが、中村氏の固い信念と率先垂範によるリーダーシップで、少しずつ実践を積み医療チームが自信をつける中で、診療所の運営も軌道に乗り、さらに奥地の「ダラエピーチ診療所」と「ワマ診療所」の開設にも成功し、2005年の米軍による「テロリスト討伐活動」で交通が遮断されるまで、10数年間にわたり後者の二つの診療所は継続運営されたのでした。中村氏はこの困難を乗り越えることができた理由を「ひとえに人間の誠実な絆であった」(前掲、p.81)と述懐していますが、このような信頼関係が生まれたのは、長期にわたる苦楽を共にした経験を共有したからだと思われます。

　このような内陸部の無医地区解消活動が進行する中で、パキスタンのペシャワールに置かれていた「ミッション病院」が、ハンセン病対策関係者の内部対立や、政治的配慮からなされた「ハンセン病根絶達成宣言」の発出から、外国の諸団体に依存していた資金援助も途絶え、病院が壊滅の危機に瀕しました。このため、中村氏は1995年に現地活動15年を契機に、社会福祉法人「PMS(平和医療団・日本)病院」を設置し、ペシャワール会の支援の下、パキスタンとアフガニスタンの両国で長期的に診療活動を続ける体制を整えました。

　中村氏が新しい体制でパキスタン・アフガニスタンの両国での医療活動を始めた翌1996年には、宗教勢力「タリバン」[3]がアフガニスタ

ンの首都カブールを陥落させ、ソ連軍撤収後の内乱が終息するかに見えましたが、その後もタリバンと反タリバンの争いは継続し国内の安定は得られませんでした。それに追い打ちをかけるように、2000年には中央アジア全体が大旱魃に襲われ、世界保健機関(WHO：World Health Organization)から出された警告では、アフガニスタンが受ける被害が最も深刻で、その内容は下記の通りでした。

> 人口の半分以上、約1200万人が被災、400万人が飢餓線上にあり…食料生産が半分以下に落ち込み、農地の砂漠化が進んだ。家畜の90パーセントが死滅し、農民たちは続々と村を捨てて流民化した。（前掲、p.84）

この大旱魃が第二次大量難民発生の原因となり、その数は100万人以上と言われる中で、このことが中村医師が医療活動に加えて長期に取り組むことになる、アフガニスタンでの一大灌漑事業を始める契機となったのでした。

灌漑事業の始まりは、2000年7月からの「井戸掘り事業」からでした。8月にジャララバードに「PMS水源対策事務所」を設け、ペシャワールに設置していたPMS病院の有志たちが率先して、ナンガラハル州全体の渇水地帯を対象に、事業の組織化と運営に取り組みました。実際の井戸掘りでは固い岩盤が障害となったので、これを削岩機で穴をあけ爆薬で粉砕する方式で順次掘削を進め、水が出るようになった井戸は徐々に増えて、2006年までには約1,600カ所の井戸から水がでるようになり、数十カ所の村人が少なくとも生活用水だけは確保できたので、離村を避けることができました。

ただ、飲料水だけでは農業生産はできないので、灌漑用水を確保するために、地元の伝統的灌漑用水路である「カレーズ」(地下水を百数十メートルの横穴から取り出す横井戸)の復旧にも着手し、40本のうち

の38本の用水路が復活し、約100家族の帰農が実現したそうです。さらにカレーズの水量を補完するために中村氏たちは、さらに直径5メートル以上の灌漑用井戸も増設し、周辺の緑化と帰農する人達の増加に寄与していますが、地下水の低下が進み、別の対策を講じる必要性が生じました。このような状況から、中村氏がさらに本格的な灌漑用水路建設に、長期間にわたり取り組むことになったのです。

　旱魃対策だけでも大変なのに、2001年9月11日に反米勢力のアルカイダ [4)] がニューヨークとワシントンD.C.の二カ所で同時多発テロを起こし、その報復に米軍がアフガニスタンを支配するタリバンと、それに保護されるアルカイダを対象に、攻撃を始めたので、一層の国内の混乱が生じ、中村氏の灌漑計画の進展に支障をきたし、病院も閉鎖に追い込まれるといった災難に遭遇することになります。このため中村氏は、一時的にこれまでの事業を休止せざるを得なくなりますが、土地を離れた難民の増加と益々の国内の混乱を救うためには、「農村の回復」こそアフガン再生への道と信じ、2002年3月に「緑の大地計画」を策定し、行動に移していきます。

　この計画は次の3つの事業から成っています。
1　試験農場－乾燥に強い作付けの研究
1　飲料水源事業－総数2,000カ所を目指す
1　灌漑用水事業－枯れた河川地域の井堰・溜池の建設、及び大河川からの取水
　（中村、p.117）

そして2003年3月19日に地方政府要人、長老会メンバー、PMS代表を集めて着工式が行われ、約13キロの用水路を作り砂漠化した3,000町歩を緑化し、毎秒6トンの水を旱魃地帯に注ぐことを目標に工事が始められました。この用水路は「アーベ・マルワリード」(真珠の水)と命名され、2010年2月の完成まで7年の歳月を要することになりました。

　緑の大地計画を成功させるためには、途中に立ちはだかる数多の困

難を乗り越えなければなりませんでした。工事スタッフと資金の確保、工事用の重機や材料やダンプカーの確保、工事スタッフの訓練、工事技術の習得、工事スタッフ間のトラブル防止と意欲の向上、そして生活環境も悪く、大変実現が困難で金銭的利益も少ない工事現場には、土木技師を採用することも難しく、リーダーである中村氏自身が土木工学を一から学び、工事に必要な技術を提供して指導することまでやる必要がありました。加えて広大で死の谷といわれるガンベリ砂漠の存在、工事の失敗で中洲が流出したりする事故もありました。また、例えば階級社会と賄賂の横行など、アフガン社会の文化特性が邪魔をし、地方政府の十分な協力が得られない場合もあるなど、中村氏は数多の困難に立ち向かったのでした。

　このような困難を克服して用水路は2010年に完成し、早魃によって砂漠化していた地域は、豊かな水に支えられた緑野に変わり、そこに難民と化していた地域住民が帰農し、再び食料の生産に従事することができるようになったのです。また用水路建設の副産物として、地域住民の村落共同体を維持する要である「モスク」と「マドラサ」を建設することも行い、住民の結びつきを確保することもできたのです。モスクはイスラム教徒の祈りの場ですが、そこには通常はマドラサが併設されています。マドラサは地域の教育機能を持っており、宗教教育の他に数学や英語などの一般教科も教えることになっています。長期にわたる内乱や早魃などで、従来の教育機能を喪失していたアフガン人にとっては、このモスクとマドラサの建設は大いなる喜びと救いになりました。用水路建設とその副産物の成功について中村氏は、その理由を「天の時、地の利、人の和」という言葉で説明しましたが、その意味は「地域の自然条件をよく読み、地域の文化を尊重し、人々が和して協力することに他ならない」(前掲、p.142)となるそうです。

　中村氏のパキスタンとアフガニスタンにおける医療と水資源の確保と地域住民の生活の安定という偉業を、平和構築との関係でどう理解

するべきかについて、下記の中村氏の言葉がその答えをよく示しているように思われます。

　アフガニスタンの実体験において、確信できることがある。武力によってこの身が守られたことはなかった。防備は必ずしも武器によらない。…私たちPMSの安全保障は、地域住民との信頼関係である。こちらが本当の友人だと認識されれば、地元住民が保護を惜しまない。
　そして、「信頼」は一朝にして築かれるものではない。利害を超え、忍耐を重ね、裏切られても裏切り返さない誠実さこそが、人々の心に触れる。それは、武力以上に強固な安全を提供してくれ、人々を動かすことができる。
　（前掲、p.244）

上記の中村氏の言葉の中でも、とりわけ「信頼関係」と「誠実さ」という言葉に、平和を築くための人と人の関係に必要不可欠のものであるということが、よく表れています。

(注)
1) ペシャワール会：パキスタンとアフガニスタンで医療と水事業で多大な貢献をした中村哲医師を支援する目的で、1983年に設立された国際NGO。医療支援や灌漑事業など５つの分野での支援を行っている。
2) 湾岸戦争：1990年にイラクがクウェートに侵攻したのを受けて、米軍主体の多国籍軍が、イラクのクウェートからの撤退を求めて行われた戦争のこと。
3) タリバン：イスラム教の神学校「マドラサ」で学んでいた神学生が、1994年に編成したイスラム主義勢力で、多くはイスラム教スンニー

派に所属している。アフガニスタンから外国勢力を追放し、イスラム教の教えに従って国内を統治することを目標としているが、国民の人権が侵害されるなど様々な問題も抱えている。

4) アルカイダ：イスラム主義を唱えるイスラム教スンニー派を中心に構成されている国際テロ組織。1988年にソ連とアフガニスタンの戦争中に、ソ連軍に抵抗していたウサマ・ビン・ラディンらにより設立され、1998年のアメリカ大使館爆破事件や、2001年のアメリカ同時多発テロを引き起こした。

第四章　国際協力と支援の成果

〈中村　哲　医師〉

1978年以来パキスタンとアフガニスタンで
現地人の診療に従事する中村医師
　　　　　　　　（写真：ペシャワール会）

常に現地人と協働した中村医師
　　　　　　（写真：ペシャワール会）

用水路が砂漠を緑野に変えた地の
中村医師　　（写真：ペシャワール会）

第二節　JICAの貢献

　「日本の国際貢献」の一翼を担う主要機関にJICA(Japan International Cooperation Agency)があります。JICAは、2003年に設立された「国際協力機構」という名称の独立行政法人ですが、1971年に創設された「国際協力事業団」と1999年に創設された「国際協力銀行」の「海外経済協力部門」がその前身となっています。1965年創設の「青年海外協力隊」[1]も現在はJICA機能の中にあります。JICAによると、その使命(Mission)は「人間の安全保障」と「質の高い成長」とされ、その描く展望(Vision)は「信頼で世界をつなぐ」(人々が明るい未来を信じ多様な可能性を追求できる、自由で平和かつ豊かな世界を希求し、パートナーと手を携えて、信頼で世界をつなぎます)と謳われています。その性質は「日本の国際協力を包括的に実施する機関」となっています。

　このような使命と展望の下に、JICAが行なっている協力形態には発展途上国への技術協力・有償無償の資金協力・国際緊急援助・海外協力隊派遣・外国人材受入れ及び多文化共生支援などがあります。また協力・支援にあたって重視しているアプローチは、支援先の主体性(オーナーシップ)と支援側のパートナーシップを大切にした協力の推進を通じて相互の信頼関係の構築に努めること、発展途上国の20の課題への取り組みであるJICA Global Agendaを促進することで開発効果を高めること、ジェンダー平等の推進と多様性の尊重、そしてDX(デジタルトランスフォーメーション)の推進となっています。

　この中でもJICA Global Agendaが取り組んでいる課題には、都市・地域開発、自然環境保全、資源・エネルギー問題、保健医療、気候変動、平和構築、教育支援、水資源の確保と供給など、多様で途上国の今後の建設的な発展のためには重要かつ不可欠の課題があります。本節では「国際交流による平和構築」という視点から、JICAの活動とそ

の役割や国際平和への貢献について見てみます。この機構の機関紙である*JICA Magazine*の2022年10月号が「平和構築－争いのない世界のために－」を特集しましたが、その中にJICAの活動の狙いや内容や成果の一端が示されていますので、これを参考にして述べます。

　この特集は冒頭にスウェーデンのウプサラ大学が運営する、紛争についてのデータ収集プログラムである「ウプサラ紛争データプログラム（UCDP）」が記録した2021年の54件の紛争を報告しています。国連は平和をSDG16[2)]として目標に掲げていますが、この世界の紛争の数からは、この目標も到達には長い時間を要するように思えます。この中には麻薬組織どうしの抗争のような国家が関与していない紛争が76件、過激派勢力による民間人への暴力のような一方的な暴力が40件別枠で報告されていますので、紛争の裾野の広さを感じさせます。

　またUCDPが示す紛争はアフリカ・アジア・中東・南米など広範に及んでいることがわかります。さらにこれらの紛争による元の居住地から移動を余儀なくされた人の数は、8,930万人にものぼることを指摘しています。内訳は、難民2,710万人、国内避難民5,320万人、庇護希望者が460万人、国内の混乱でベネズエラを離れた人が440万人とされています。この他にもミャンマーの軍事政権への回帰や、ロシアのウクライナ侵略などの事情を考えると、紛争による被害者は1億人を超えることが予想されます。10年前の居住地移動者の割合を100％にすると2022年は232％に増加していますので、近年の紛争の多発とその悪影響をよく示しています。

　このような紛争の原因について、*JICA Magazine*の中で篠田英朗氏は、「国家の脆弱性が紛争の根本要因」（p.5）と指摘しています。このことは例えば、第二次世界大戦後にかつての欧米列強から独立した旧植民地時代のアフリカやアジアの新興国は、独立後も国家統治の思想的基盤と、その思想に基づいて樹立される法制度や立法・司法・行政機構や財務基盤の整備、あるいは異なる民族間の言語や文化や宗教な

どを調和させる努力がうまく機能していないために、国民の声を政治にうまく反映できないとか、異なる主張が生み出す政策調整ができないとか、富の公正な分配機能が働かないなど様々な問題が生じて、武力を伴う争いへと発展することが多いことを意味していると思われます。

　紛争が生じるとその負の影響が生じます。生活基盤の破壊による難民の発生と近隣諸国への移動や、通信や交通のような社会システムの機能不全、生産活動の停止による食糧不足や医療提供の困難度の上昇など、これらの問題自体がまた次の紛争を産み出しそうな様々な問題が発生します。近年の紛争は国内外の様々な要因が絡み合い、複雑化と長期化の傾向があるとされていますが、これまでとは異なる平和構築の支援方法が求められているとの認識の下に、JICAは新たな3つの協力方針を打ち出しています。

　JICAによれば、紛争に関わる伝統的な平和構築支援は3段階に分かれ、紛争の推移に応じて第一段階は救命のための食糧・水・医療の提供という「人道支援」が行なわれ、第二段階は紛争終結に向けた和平合意の促進や、国連平和維持活動(PKO)のような「治安維持」に移り、第三段階として紛争終結後の復旧・復興を支援するための「開発協力」を行うという流れで行われてきましたが、紛争の長期化でこのやり方では十分機能しなくなり、現在ではそれぞれの段階の関係者が混合して活動することが必要となっているそうです。

　JICAでは。この新しい傾向に対処するために、平和構築のための「3つの協力方針」(p.6)を立て実践しています。一つは「人間の安全保障アプローチによる紛争予防と強靭な国・社会作り」です。これは紛争地あるいは紛争予想地の「住民が信頼できる国を作る」ために、政府の統治能力を高め、各種の制度構築を支援し、また住民間の地域共同体を形成し強化するという取り組みです。現地の保護と統治能力の強化を組み合わせたアプローチということになります。もう一つは「脆弱地域における地方行政の能力強化、強靭な社会の形成と信頼醸成」

です。これは様々な政治と社会の変動にも対処できる国作り、社会作りへの貢献です。そのために発展から取り残されるかもしれない地域や民族や紛争被害者に対して、社会資本の整備など包摂的・機能的な行政サービスが提供できるよう支援を行うものです。そしてもう一つは「人道・開発・平和(HDP)ネクサスの推進」です。これはそれぞれの支援の英語の頭文字である"Humanity", "Development", "Peace"から命名した活動だそうですが、「三者が連携して活動することで、紛争発生後に対処療法で応えるのではなく、被害を抑えて復旧復興を支援しつつ、紛争再発の予防につなげようというもの」が狙いとされています。

　上述の平和構築のための新しい三方針を基にして、JICAが展開している取り組み例として、アフリカのコートジボワールや南スーダンやサハラ砂漠南縁のサヘル諸国(ニジェール・マリ・チャド・モーリタニア・ブルキナファソなど)とウガンダの事業を、またアジアではフィリピンのミンダナオとカンボジアの事業を紹介していますが、いずれの場合も地元民との長期にわたる「対話」により、民主的な制度を構築し、社会・経済基盤を整備し、教育・雇用・社会的分断などへの支援を通じて、地元民の「信頼」を築くこと、そしてその信頼関係を土台にしてさらなる発展のために貢献するという姿勢と手法が貫かれています。

　これまでJICAが行なっている国際協力と支援がどのようなものであるかを見てきましたが、平和構築にとって様々な原因により安定した生活が営めない国や地域の人達の生活を安定させ、将来の発展の基礎を築くためには、資金援助・人材派遣・協働作業などの支援を、長期にわたり地元民との対話を続けながら、問題分析と処方箋を地元民と共に考え展開し、「相互理解」と「信頼」を深め、「敬愛の情」を育むことが要であると思われます。対話の過程では、問題認識の違いや意見の違いなどから支援を円滑に行えない可能性もありますが、違いに

敬意を払いながら、「我慢強く」対話を続ける姿勢も併せて必要でしょう。

(注)

1) 青年海外協力隊：アメリカの平和部隊に倣って1965年に結成された、発展途上国支援のボランティア組織である。技術指導をはじめ支援活動は多岐にわたる。

2) SDG16：国連が定めた「持続可能な開発目標SDG」(Sustainable Development Goals) の16番目に設定された目標で、「平和と公正を全ての人に」と謳われています。その目的は世界中から争いをなくし、安心して平和に暮らせる社会の実現を目指すものです。

第五章　平和構築の条件

平和は待って得られるものではなく、
自ら築くものなのです

Boutros Ghali

これまで述べたことを基にして、平和構築の条件を考察してみます。そのポイントは三つあります。一つは「多面的」であること、二つめは「重層的」であること。そして三つめは「横断的」であることです。多面的とは平和へのアプローチが人的交流・教育・外交・国際機関・宗教のように複数の面から行われることを意味しています。次に重層的とは平和構築に関与する主体が、個人・団体・国家のように複層的であることを意味しています。そして横断的とは平和構築はどれか一つの分野で行われるものではなく、複数の分野が横断的に作用して形成されることを意味しています。これからこの三つの観点からそれぞれの分野を展望し、それぞれの関わり方や結びつきを述べます。

第一節　人的交流

　世界を平和にするか争いの場にするかは、人が他者をどう思い、どう関わりたいかで決まります。その決定要因は、どのような人的交流を持つか、人間関係を築くかです。他者と全く関わりを持たない孤立した状態であれば、争いの種も生じないのですが、現実の生活はそれが個人のレベルであれ、国家のレベルであれ、他者との何らかの関わりを持たなければ成り立ちません。特に人間の生存に必要な水・食料・エネルギー・住居の生産と流通と消費に関わることは、平和的環境の中で行われなければなりませんので、この過程に関わる人たちが良好な関係をもつことが必用です。

　良い人間関係と交流を行うためには、お互いにとってプラスの想いが生じるような経験の集積が必要です。逆に交流をしても、その結果がマイナスの想いが生じるような経験の集積であれば良い関係を持つことはできません。では、どのような交流をすればプラスの想いを形成することができるのでしょうか。

その答えは既に先述した様々な人的交流の場において、相互理解を深め相互の信頼と敬意を醸成することです。ここで改めてプラスに作用する人的交流の条件についてまとめてみることにします。

1. 教育交流

同じ人的交流を行うにしても、できるだけ若い世代、特に物事の善悪の判断と諸事に対する理解力もあり、固定観念や偏見を持つ度合いが低い、中学生から大学生くらいの年齢層の人達の交流がどう行われるのかが重要だと思います。この年代の人達は、新しく出会う人に対して偏りのない心で柔軟に接することができる可能性が、他の年齢層に比べて高いと思われます。

20代の後半以降は社会人となり、職業生活を通じて現実生活の利害損得や、時に理不尽な経験もする中で、徐々に青年の持つ純粋な心が失われ、他者に対する見方もフィルターがかかってしまい、素直な理解や対応ができにくくなる傾向があります。

では青少年の教育交流にはどのようなものがあり、またその交流はどのような成果を生み出しているのかを確認してみることにします。まず教育交流の種類ですが、これには学校・地域・各種団体を通じたものがあります。学校の場合は、短期間の海外修学旅行・海外の提携校との短期長期の交換留学や研修・学校内外の留学生との交流などが外国人と交流する機会となっています。地域の場合は、地元の国際交流機関が運営する各種の行事への参加や、自治体が主催する各種の行事や交流会への参加などが外国の人と交流する機会を提供しています。また各種団体としては、社会奉仕を目的としたロータリークラブのような団体が提供する奨学金で外国の高校や大学に留学する支援や、地域ごとにある日米協会や日中協会のような親善団体が提供する各種行事へ参加する形もあります。

研修にしろ留学にしろ各種行事への参加にしろ、教育交流の要は、

外国の人と直接交流することにあります。近年はインターネット環境の整備が進み、対面でなくてもオンラインで面会をすることもできますが、可能であれば直接触れ合う形での交流が望ましいでしょう。交流の内容は短期の旅行や研修ならば滞在先の町や居住先の見学から始まり、一緒に学び生活する人たちとの対話や共通テーマでの議論、料理や踊りや歌の紹介、食事会や各種パーティなど多様な内容が考えられます。中長期の留学であれば、参加する授業や研究を通じた交流や、学生寮やアパートなど居住先の住民との交流、各種スポーツ行事や文化行事への参加を通じた交流、あるいは地元の各種団体との交流など、より多岐にわたる交流を持つことが可能となります。

　このような教育交流がもたらす成果は何でしょうか。一つは自分の住む世界とは異なる世界があることを、実感を伴って知ることができるようになることです。生活を取り巻く自然環境の違い、人種や民族の違い、言語・文化・宗教の違い、政治や経済の思想や制度の違い、社会生活を送るうえでのシステムやルールの違い、世界観や価値観の違いとそれが投影された生活スタイルや言動の違いなど、自国にいたのではわからなかった様々な違いを経験することで、相手に対する想いや理解に幅と深みを得ることができるようになることです。

　もう一つは異文化世界での共同生活や共通体験を通じて、異質な存在と感じていた外国の人を「同じ人間」と感じることができるようになることです。つまり人間には「普遍的類似性」があり、喜怒哀楽のような感情を共有することができることがわかるようになります。例外もありますが、一般的に人が望むもの、あるいは避けたいものは概ね共通しています。例えば、新しい命が誕生すればそれを喜び、進学や就職や結婚のような祝い事があるとそれを喜び、逆に人に何か不幸なことが起きるとそれを悲しみ、苦しみがあればそれから解放されることを願い、経済的にはより豊かな資金を求め、人との交わりも温かく友好的であることを希望します。

そしてもう一つは、上記の二つの経験を通じて、異文化世界の人に対してでも、敬愛の情を持つことができるようになり、またどうすれば相互理解を深め、信頼関係を築くことができるのかを考えることができるようになることです。この意味では教育交流を通じて国境の壁を心理的に超えることになります。これまで日本と諸外国との間を行き来した若者たちが何を得たかに関する実体験報告がこのことを裏づけています。

先述したAFS留学のS氏の例以外でも、高校時代に同様の経験をした駐日カナダ大使のイアン・G・マッケイ(Ian G.McKay)氏は、山口県下関市の家庭にホームステイしながら、地元の高校で1年間を過ごしていますが、その時のホストファミリーや学校の友人たちと、当時の良き思い出と共に、長年にわたり交流を続けており、その結果がカナダ政府を代表して駐日大使として日本で仕事をすることに繋がっています(日本経済新聞、2024年12月13日号の記事)。

また、アメリカを代表する国際政治学者の一人であるジェラルド・カーティス(Gerald Curtis)コロンビア大学名誉教授は、若き博士課程の大学院生の時に、日本の衆議院議員選挙の立候補者の選挙運動に内側から密着し取材することを許され、社会文化的な特性の影響も含めて、日本の国会議員がどのように選出されていくのかを学び、その成果を博士論文にまとめることができましたが、その時に受けた親切が彼の人生を変えることになりました。日本政治の専門家となり、日本人女性と結婚し、日米政府の政策顧問など、大学外での活躍も含めて、長年にわたり日米の相互理解と友好関係の促進に貢献しています(日本経済新聞、2024年12月9日記事)。

2. スポーツ交流

「スポーツに国境はない」と言われます。スポーツは老若男女一定の条件を満たせば、誰でも参加できる活動です。人種も民族も言語も文化も異なっていても、身体活動は人間が共通に行うことができるものですので、いうならば「共通言語」の役割を果たすことができます。しかも種類も多く、多種多様なスポーツ活動を通じて、世界中の人が交流できるものです。近年は交通・通信手段が発達して、国際的なスポーツ活動を行うことが容易になったうえに、国内外でスポーツ活動の組織化や施設設備の整備充実も一層進展し、幼児から老人に至るまで、またアマチュアもプロも目的に応じて活動できるように、スポーツの裾野が非常に広がりましたので、その恩恵を受ける人も多くなりました。

スポーツを行うことの良さは、適度な条件の下で行うと健康を増進すること、練習計画を立て目標に向けて実践する過程で知識を得て知恵を磨き克己心も養えること、チームゲームでは仲間との切磋琢磨を通じて良き友人を得ること、我慢強さを磨く中で少々の失敗にもめげないようになること、生活を楽しむ要素を得ることなど様々ですが、このようなスポーツを通じて国際交流を行えば、お互いに「素顔のままの自分」を相手に見せることで、相互理解と敬愛の情が深まるのではないかと思われます。それはスポーツには「装飾品」がないからです。スポーツ競技であれば単なる遊びでやるものでなければ、己の最善を尽くして試合に勝つことを目指しますので、そこには戦略はあっても妥協や譲歩はありません。真剣勝負をすることが相互に健闘を称える態度を持つ限り、相手への敬意を生みます。

日本の学校で教育活動の一環として、明治時代から行われている「運動会」のようなものであれば、「楽しみ」や「遊び」の要素も入っていますので、国際交流にも活用することができます。海外で事業を行う

日本企業の中には、社員間の親睦を深める意味で社内運動会を開催するところもありますが、その趣旨はスポーツ活動の持つ人を結びつける働きに着目したものと思われます。外国人労働者が増えている日本では、地域社会で元からの住民（日本人）と外国人居住者とのコミュニティ意識の醸成と、それによるより良い隣人関係の形成を目的として、運動会が活用されている例もよく見かけるようになりました。スポーツ交流の良い実践例だと思います。

　近年はプロのスポーツ界では、日本人と外国人が同じチームの中でチームメイトとして活動する姿が普通になりました。日本の外国人労働者が増え、社会の様々な所で日本人と外国人が一緒に働く姿が多く見られるようになった現象と軌を同じくしています。このようなプロチームでは国籍や民族や言語や文化が違っていても、チームの共通の目標に向けて協働することになりますので、様々な壁が生じてもそれを乗り越えようとする過程で、相互理解と信頼が深まり敬愛の情も生まれるものと思われます。プロでなくても成長過程にある青少年なら、スポーツ交流は同様の良い効果が期待できます。

　プロチームの多国籍化・多民族化と併行して、それぞれのチームや個人選手のファンクラブができ、クラブメンバーと選手が交流する機会も増えました。このような交流を通じて、国境を越えた友好関係が形成されると、世界平和にとっても良い影響を与えることができると思います。ただスポーツ活動で残念なこともあります。それは自分の所属する国の個人・チーム、あるいは個人的に応援する個人・チームに勝ってほしいとの思いが強くて、相手方の個人・チームの失敗を喜んだり、相手に無礼な言動をすることです。特にオリンピック・パラリンピックも含めた国際試合で、相手方を嘲笑したり、攻撃的な言葉を投げかけたり、スポーツのフェアプレー精神に反する人たちがいますが、このような言動は個人だけでなく国家間の友好関係に傷をつけますので、厳に慎んでもらう必要があります。

3. 文化交流

　国際理解と国際交流に有効な方法の一つは文化交流です。文化交流は、政治体制の違いがもたらす国境の壁を乗り越えて、人を結びつける役割を担うことができます。文化交流は幅が広く、音楽・演劇・美術・舞踏・陶芸・工芸・祭りなど種類も態様も多彩で、様々な分野の人達が広く関わることができます。

　いずれも、その作品や行事が生まれた社会の自然環境や歴史や文化を背景にしていますので、その作品や行事の製作者や担い手と、作品や行事そのものに触れることで、異文化世界の知識を広げ理解を深めることができます。平和構築の観点からすると、このような文化交流が相互理解を深め、相手に対する興味関心を高め、知識欲を増大させ、敬意を持つことに繋がると思われます。

　文化交流は、外交や学術のような関与する人が限定的な分野と異なり、老若男女が広く関わることができる性質を持っています。この意味で文化交流は人々の日々の生活に根差したものであります。また単に視聴する形での関わり方もあれば、体を動かして参加する形での関わり方もあります。国内にいる外国人との交流もあれば、国外にいる外国人との交流もあります。個人として、グループや団体で、あるいは自治体や政府として関わることもあります。

　どのような形で交流するにしろ、文化交流を通じて知ること感じることは、他者に対する理解を深め、従来とは違う見方で相手に対応できるようになる可能性を高めてくれます。当然のことながら、交流する目的・相手・内容・頻度・姿勢には注意を払う必要があります。何を目的として交流するのか、誰を対象とするのか、どんな内容に関わるのか、単発的なのか複数回行うのか、単なる好奇心かそれ以上のものを求めているのか等は、交流の成果に影響を与えることになります。特に交流することはプラスの効果だけでなく、マイナスの効果を生む

こともありますので、注意が必要です。文化交流を多面的にとらえる姿勢が大切です。

　これからいくつかの具体的な文化交流を見てみましょう。近年は、日本では「インバウンド」と呼ばれる「外国人観光客」をよく見かけるようになりましたが、以前とは異なりこのような人達は単に日本の文化を見聞する受動的な観光よりも、自ら体験する観光を好むようになりました。例えば、茶道について知りたい場合は、お点前を見て説明を聞くのではなく、説明を聞きながら、自ら動作を経験してみることのほうが喜ばれるようになりました。体験の内容が紙漉きであれ、機織りであれ、自らが文化事象に参加することで、実感を伴う理解へと昇華させているのです。説明をする方も、外国人観光客とのより密な触れ合いが生じますので、説明にやりがいを感じることができるでしょう。

　逆に、日本人が外国へ観光旅行に出かける際も、同じことが言えます。例えばスペインに旅をした時に、フラメンコダンスを見学するだけでなく、実際の踊り方を教えてもらい自ら踊る経験をすれば、スペイン人のフラメンコダンスに対する想いがより実感を持って理解できるようになるかもしれません。相手からすれば、日本人がフラメンコダンスに対してどのような捉え方をしているのかを知る機会になるかもしれません。対象が何であっても同じことがあてはまるでしょう。

　文化交流は、私たちの日常生活との関連が大切だと述べましたが、日常生活では音楽や映像や食事など、生活を彩り豊かにしてくれる様々なものがあります。音楽であれば外国の音楽を視聴するだけでなく、それぞれの国のよく知られた曲を共に演奏し歌うことで、その音楽の持つ特性をよりよく感じることができるようになります。食生活では、その国や地域の料理を一緒に作り味わう過程で、どのような食材を、どのように調理し、どのような食器にもりつけ、どのような器具を使い、どのような作法で食べるのかを実感を伴って理解できるよ

うになります。このような文化交流を、個人で、あるいはグループで、また学校や地域や国のレベルで、多種多様に行うことで、私たちの異文化世界とそこで暮らす人々への理解も深まります。

4. 学術交流

　学問に国境はありません。世界中の人が知りたいと思うことの真理を探究しています。それが人文・社会・自然・健康の諸科学のどれに該当するにしても、問を立てその答えを求めて研究を行っています。この研究活動は個人で行う場合も、グループで行う場合もありますが、その成果は通常は学問探求の仲間の集まりである「学会」に報告され、学問的な価値があると判断された研究は、その学会が発行する学術雑誌に掲載され、学界の会員はもちろんのこと、会員以外の人にも公開され、その成果を利用できるようになっています。

　この意味で学問研究そのものは国際性を帯びていますが、その探求の過程で様々な学術交流を行うことになります。国籍も所属先も異なる会員が一堂に会し、年次大会でシンポジュームやパネルディスカッションを行うことなどはその典型的な例です。また同じ研究テーマに関心を持つ人がプロジェクトチームを立ち上げて、共同研究を行うこともあります。学術資料の交換や、研究機器や施設の提供、あるいは共同利用ということもあります。

　このような学術交流が、平和の構築にどう役立つかを考えてみますと、まず単独で研究を行うよりも、より広い視野で研究に取り組めることと、相互に支援することで、時間的にも金銭的にも労力的にも、より良い成果を出す可能性が高まることがあります。そして研究の過程で、アプローチに関する考え方や手法の違いなどで、多少困難を覚えたとしても、相互理解を深めることもできるでしょう。

　加えて、国際的な学術交流は、私たちが地球規模で抱えている諸課題の解決策を探求する力にもなります。地球温暖化とそれが生み出す異

常気象による環境破壊と各種災害、化石燃料から再生可能エネルギーへの転換、原子力の安全利用、国際紛争の予防と解決、爆発的な人口増加への水と食料の確保など、個人や一国だけではとうてい太刀打ちできない問題に対して、道を開いてくれるかもしれません。

　所属する国の政府による方針や資金負担の面で、いろいろな制約を受けるため、思うように研究を進めることができない場合でも、国際的な学術交流があれば、そのネットワークを通じてデータの収集と解析に取り組み、共同で結論を発表することができるかもしれません。また所属国に圧力をかけられて意に反する研究（例えば研究の軍事利用）を強要された場合でも、学術交流ネットワークを活かして、移民のような形でそれを回避する道も開けるかもしれません。

　国際的な学術交流を担保する一つの方法は、主権国家の政府の影響を避けるために、研究資金はできるだけ第三者、例えば世界共通の福祉に貢献する研究に資金を出す基金や、国際連合の専門機関たるUNESCO[1]のような世界的規模で活動する団体からの資金の提供を受ける形をとることだと思います。また各主権国家も研究資金の提供においては、自国の利益を増進するものばかりでなく、世界全体の利益に繋がるような研究も支援するといった度量と視野の広さを持つことも大切なことです。

　国家がこのような姿勢を持つことができれば、平和の構築への学問的貢献も高まることが期待されます。

（注）

1) UNESCO：United Nations Educational Scientific and Cultural Organization「国連教育科学文化機関」の略で、1946年に世界の教育・科学・文化の発展を目標とした国際活動を行うために設立された国連経済社会理事会の下に置かれた機関である。

第二節　教 育

(1) 個人の教育と国民教育

　教育は人間形成の土台をなすもので、誕生した瞬間から死を迎えるまでのあらゆる時に、また人の成長にも生活や仕事にもあらゆる場面で関わります。教育の環境としては家庭に始まり学校、地域社会、そして国全体が影響しますし、その内容も人としての基礎的生活習慣や倫理観の育成・心身の健全な発達の促進・広い視野と判断力を育てる教養教育・特定の専門分野の知識や技術の育成、生涯教育に関わることなど広範なものを含んでいます。

　教育の方法としては家庭生活の他に、年齢や成長に応じて幼稚園・保育園から順に小学校・中学校・高等学校・高等教育機関（短期大学・4年生大学・専門学校・大学院）に分類される学校教育がその中心に置かれ、それを地域社会が補完しています。学校教育に関しては、日本の場合は全国を統一的に監督する機関として文部科学省が存在し、中等学校までの場合は、「学習指導要領」によって教えるべき内容や水準あるいは方法に関しても一定の指針が示されています。

　平和構築の条件に関わる教育的要素としては、国の教育姿勢が大きく影響を与えると思われます。教育には人の人間的成長と能力の開発に貢献する「個人の育成」という側面と、その人が所属する国の「国民の育成」という側面があります。国の教育への関与で平和構築との関係で問題になるのは、どういう国民教育を行うかという点です。どの国の政府も、国民が自らの所属する国を誇りに思い、愛し、大切にしてもらいたいと願うのは、ごく自然なことですので、このこと自体は何も問題はありません。またそうでなければ国民国家は成り立ちません。

　しかし、「愛国教育」と言われるものの方針と内容については、注意

を要します。戦前の日本では明治維新以降の天皇制と国家神道思想の下で、国力の充実のために殖産興業政策と富国強兵策を柱として、広い意味での軍事重視の歴史をたどりましたが、日清戦争と日露戦争に勝利し、また第一次世界大戦にも連合国側の一員として参戦し戦勝国になったことで、海外の領土や統治領域を拡大していく中で、国民に対しても軍を尊重し徴兵に応じ、銃後の守りに協力する形で奉仕することが国民として当然持つべき認識であり義務であるとの、「軍国教育」が行なわれました。

特に1931年の満州事変の勃発と政府の追認、1932年の五一五事件以来、政党政治が崩壊し、二二六事件の発生、日中戦争開始、日独伊三国軍事同盟の締結など、軍部が政治を支配する構造が定着し、これに伴い教育内容と方法も軍による統治を正当化するものに変化し、国民の犠牲を強いるものになりました。大東亜戦争と太平洋戦争が拡大し、日本の敗退が続くようになると、国民への犠牲の強要は一層ひどくなりました。

学校教育への配属将校の配置と軍事教練の実施、天皇崇拝と軍事優先の思想の徹底、軍事物資の生産のための授業の削減と勤労動員、特攻・玉砕の美徳化、誤った情報提供による敵国・国民の不正確な理解とステレオタイプの形成、文化・スポーツ活動の制限と敵性言語（英語）の学習と使用禁止、少年航空兵・少年戦車隊のような年少者軍隊組織への志願の推奨などひたすら個人を犠牲にして、国家の戦争のために奉仕することを余儀なくされたのでした。

このような一連の日本の国民教育の推移から、どのような愛国教育が望ましいのかを考えることができます。愛国教育の前に考えるべきことは、国の教育においては「個人の育成・成長を支援するための教育」という観点が不可欠であることを認識することにあります。個人として人間の守るべき社会的な規範である倫理（例：人を殺したり傷つけてはいけない、人の物を盗んではいけない等）と人間相互の関係を

規定する内面的原理となる道徳(例：挨拶をする、感謝する、お詫びする等)を身につけ、その上に人文・社会・自然・健康の諸科学の基礎知識を持ち(教養)、さらにその上に個人の特性(性格や資質)に応じた専門性を持つ人を育てるように、学校教育においては、その目標や教育課程の編成や、具体的な指導方法が設定・考案されるべきなのです。

　具体的な指導方法においては、得られた情報から何がわかるのかを自ら発見できる力や、教師から得る情報も含めて鵜呑みにしないで、批評的批判的精神で対処する力、即ち何が良くてそれは何故か、また何が悪くてそれは何故かを考える力の育成に心することです。そのためには古代ギリシャ以来、西洋の教育で取り入れられてきた「問答法」[1]や、これを活かしたイギリスの大学の「チュートリアル」[2]を取り入れることも、有効だと思います。

　また近年の日本の教育界でも重視されるようになりました「探求する力」の養成も大切です。自ら課題を発見し、その答えを見つけるために適切な方法を考え、それに従って情報を収集し、分析考察を加えて、答えに到達するという方法論的な修練を積むことが、自ら考え判断することができる国民を育てることになります。但し、探究学習を重視するあまり、その基礎となる各種の知識の組織的体系的な習得が疎かになるようでは本末転倒ですので、注意が必要です。これまで述べたことに加えて、心身の健康を保ち、社会的適応をはかる社会性と豊かな情操教育も含めて、「知・徳・体」の調和のとれた個人を育成することが、国家に有意な人材育成のためには必要です。

　有為な個人が育成されれば、国民が安心して豊かな暮らしができる国家はどうあるべきか、またそのような国家をどう形成し発展させればよいのかについても、自ら主体的に考え、行動する人が増えますので、不適切な政治や行政や外交が行なわれにくいものになっていくことが期待できます。このような個人は、その成長の過程で知らず知らずのうちに、自らが帰属する社会(国家)についての理解と愛着も深ま

り、自然な形で「愛国心」を持つようになると思われます。帰属する生活環境を、より良いものにしたいと望むのは自然な感情であり、これこそが強制されない形での「愛国心」なのです。

　このような愛国心を持つ人は、所属する社会(国家)が何らかの危機に陥った場合には、問題に対処するために行動することができる人です。必要な場合は自己犠牲を払ってでも、敵と戦うことを厭わないでしょう。また通常は、国内外で他者や他国と良好な平和的関係を築き維持しようと努める人です。

(2)　平和教育

　平和構築に貢献できる人を育成するためには、上記で述べた個人の教育と国民の教育の双方に関わる、「平和教育」が組織的かつ継続的に行われる必要があります。それは平和構築には何が必要で、それをどういう方法で達成すればよいかについての知識と経験を要するからです。ここでは、このような要請にどう答えればよいかを、1999年5月に世界中から約1万人の人が集まり、オランダのハーグで開催された「ハーグ平和市民会議」で議論された、21世紀における平和実現のための50の勧告である「21世紀の平和と正義のためのハーグ・アジェンダ」が示す「普遍的平和教育」を基に考察します。

　このハーグ勧告の教育への具体的展開については、平和教育理論と平和教育運動で活躍しているコロンビア大学のベティ・A・リアドン(Betty A. Readon)氏と、同僚のアリシア・カベスード(Alicia Cabezudo)氏の著作である、『戦争をなくすための平和教育－「暴力の文化」から「平和の文化」へ－』(監訳：藤田秀雄・淺川和也、明石書店、2005年)を参照しながら考察します。

　ハーグ勧告が目指すものは「戦争をなくすための平和教育」であり、その内容は4つの柱で構成されています。第一の柱は戦争の根本的原因の理解と「平和の文化」に関するものです。

第二の柱は「国際人道法・国際人権法とその制度」に関するものです。第三の柱は「暴力的紛争の予防・解決・転換」に関するものです。そして第四の柱は「軍縮・非武装化と人間の安全保障」に関するものです。
　第一の柱では戦争の根本的原因として下記の5つを挙げています。

　　　〇戦争を賛美し暴力にかかわるものを教えない教育
　　　〇上からのグローバリゼーション
　　　〇地球の持続可能性を考えずに天然資源を浪費し
　　　　不公正に消費していること
　　　〇民主主義を否定する植民地主義および新植民地主義
　　　〇人種・民族・宗教・ジェンダーのちがいに対する
　　　　不寛容と差別や不公正
　　　（リアドン＆カベスード、p.27）

　このような原因が「暴力の文化」を生み出していること、それがなぜ生じるのかを理解できるようにし、「平和の文化」の創造のためにどのような教育が必要かを認識するうえで、下記のような内容を勧告しています。

　　　〇子どもや若者を保護し尊重すること
　　　〇ジェンダーの公正を促進すること
　　　〇国際社会での民主主義と公正なグローバル・
　　　　ガバナンスを促進すること
　　　〇積極的非暴力を宣言すること
　　　〇「暴力の文化」から「平和の文化」へ転換する
　　　　うえで、世界の諸宗教に協力を要請すること
　　　（前掲、p.31、一部抜粋）

第二の柱は「国際人道法・国際人権法とその制度」をテーマとしていますが、その狙いは平和的な秩序維持のために、国際人道法・国際人権法とその制度がどのように機能しているかを理解し、そのうえで平和の文化を築くために、まず戦争がもたらす人権侵害について学び、さらに次のような問いを探求することで、今後の人権保障を考えることを奨励しています。
　戦争がもたらす人権侵害について学ぶために追及すべき点について下記の４つが示されています。

　　　○戦争がいかに人間の尊厳をそこなうものなのか。
　　　○戦争がいかに人間の安全への権利をあやうくする
　　　　ものなのか。
　　　○戦争が生態系をどれだけ破壊するのか。
　　　○戦争が人間の命の価値をどれだけ軽視するのか。
　　　（前掲、p.35）

　上記の学習を踏まえて、今後の人権保障を考えるために、次の問いを探求するように推奨されています。

　　　○自分自身の生活で、法律はどのような役割を
　　　　果たしているのか。
　　　○わたしたちの社会では、紛争を解決したり、
　　　　社会正義を達成するうえで、法律はどのような
　　　　役割を果たしているのか。
　　　○平和で公正な21世紀を実現するために、法律を
　　　　どのように活用できるのか。
　　　○他人の権利を尊重し、守ることを学び、また、
　　　　他の人もそうするようにするにはどうすれば

よいのか。
（前掲、p.35、一部抜粋）

　これらの問いに答えることで、学習者は戦争がもたらす様々な被害から救われ、人権が保障されるために法律が果たしている役割を理解し、平和を達成し維持するためには、人権の保障が必用不可欠であることを認識するようになることが期待されています。
　第三の柱は「暴力的紛争の予防・解決・転換」に関することです。これは紛争から平和的な当事者の関係に転換するためには、包括的かつ紛争過程を重視した理解と対応が必要であるとする考え方です。ハーグ勧告の３つの段階に、副次的な概念や段階を加えた次の７段階が紛争過程として提言されています。

　　○紛争を予測する（予測）
　　○紛争を分析する（分析）
　　○問題を解決する（問題解決）
　　○制度的なメカニズムをとおして紛争にとりくみ
　　　対処する（対処の検討）
　　○変化に向けて意図的にとりくむ（変化への計画）
　　○和解を追求する（和解）
　　○積極的な関係を構築する（関係の改善）
　　　（前掲、p.42）

　病気にならないように、あるいは罹患後も軽症であるには、予防が大切であるのと同様に、上記の中では紛争予測が重要であると思います。事前に予測できれば、その分析を通じて対応策も立案・実施しやすくなりますが、紛争が発生した後であれば問題解決まで時間を要することになります。

「制度的なメカニズム」という言葉は、既に存在する「国際司法裁判所」や「世界貿易機関」などの機関を活用することを意味しています。ただ、普通の安定した主権国家であれば、関係諸機関の発する判断や命令には「強制力」が伴いますが、国際機関の場合はその強制力の効果は、期待どおりにはならないこともあります。

「変化への計画」とは、紛争当事者間の認識や関係を異なるものへ変化させるのに必要と思える計画を、意識的に用意することを意味しています。第三者による非暴力的な取り組みが、当事者間の建設的な変化につながる可能性を求めています。

「和解」は紛争当事者が平和的関係へと転換するための中心的存在となるものです。その過程には、社会全体の関与と、与えた損害の認識、その償い、被害者の復権といった内容を学ぶことが含まれています。また紛争に関与する社会の個人のみならず、組織の連携と協力も必要とされています。

「関係の改善」とは、紛争後に「平和の文化」が生まれるように、公正でより建設的な関係を構築することを意味しています。その方策として、紛争の原因と結果を理解するための歴史を知ることや、そこから再発防止の知恵をだすことが求められています。

この7つの過程は直線的ではなく、相互に連関しながら常に変化する性質を持つので、状況に応じて柔軟に対処することとされています。そして、このような紛争過程重視のアプローチを通じて、平和構築に必要な「価値観・態度・技能・知識」を身につけ、代案を構想する力を養成できるとなっていますが、その前提として下記の4つの仮説が示されています。

○対立や争い（紛争）は、人間の日常生活の中で、つねに、
　おこることであり、避けられないものである。
○これまでわたしたちは暴力的に紛争を処理することを

学んできた。しかし、個人も社会も、建設的に対立に
　　対処することも学べるのである。
○あらゆる生物が相互依存関係にあるということは、
　　人権を保護し、人間の安全保障を達成し、この地球の
　　存続を保証する関係を育み、持続させる必要がある
　　ということを意味している。
○ニーズ（必要なこと）がみたされていない結果、紛争が
　　しばしばおこる。このニーズを考慮し、その不足が
　　積極的かつ公正にみたされるなら、生活の質の
　　向上がなされるであろう。
　　（前掲、p.43）

　言い換えると、「紛争は不可避」でも、「非暴力的対処は可能」、そのためには「人間存在の相互依存性の理解と、存続は人権保護と人間の安全保障が必要」であることと、「人のニーズの把握とその充足に努めることが必要」と要約できます。

　第四の柱は「軍縮・非武装化と人間の安全保障」です。ここでは、戦争を可能にする現在のシステムのもたらしているものと問題点の理解を踏まえて、人間の安全保障を可能にするためにはどのような構造改革を行えばよいかを学ぶことがポイントです。この構造変化は、「安全保障システムの軍縮・非武装化及び脱軍事化」という過程が含まれますので、それぞれにどう取り組むかが課題となります。言い換えるなら、「人間に競争的で攻撃的な行動パターンをうえつけている社会のさまざまな慣例や規則を非暴力化することが必要」（前掲、p.49)であることを学ぶことになります。

　第4の柱に関して、戦争をなくすために取り組むべき課題が、下記のように示されています。

○軍事費を減らすこと
　　○兵器をへらし兵器の開発と拡散をおさえること
　　○兵器を削減するための国際条約をつくり守らせること
　　○軍事に依存した安全保障が、どれだけ環境に負担を
　　　あたえているのかを明確にし、国家にその責任を
　　　問うこと
　　（前掲、p.50）

　上記のいずれも昨今の国際情勢とはかけ離れた課題ですが、平和な世界の構築のためには不可欠の課題ですので、世界中の人が対話し、知恵を出して、その解決策を考案し、実現に向けて努力しなければなりません。
　そして、ここでは上記を補完する意味で、取り組むべき基本的学習課題を次のように示しています。

　　○現在の安全保障システムには、どのような危険性が
　　　あるのか。
　　○現在の安全保障システムにかわる、あらたなシステムは
　　　可能なのか。
　　○武力に依存しない安全保障システムとは、どのような
　　　ものなのか。
　　○軍縮・非武装化を推進し、安全保障システムを変革
　　　していくためにはどのような政策が必要なのか。
　　（前掲、p.51）

　これまで平和教育の課題とどう取り組むかに関して、ハーグ勧告を紹介してきましたが、この勧告を日々の教育の中にどう取り込んでいくかが最重要課題です。最も大きな責任を負うのは学校教育ですが、そ

の考え方は初等教育から高等教育に至るまで、「一貫して、組織的に、かつ体系的に学習するカリキュラムとシステムを構築すること」を基本とするべきだと考えます。特に平和国家を謳う日本国政府には、この平和教育の理念と目標と方法についての理解と、文部科学省のような行政機関をつうじた計画と実践が求められます。他にも地域での教育や家庭での教育においても、可能な限り平和教育の理解と実践を取り入れていくことが望まれます。

(注)
1) 問答法：古代ギリシャの哲学者のソクラテスが考案した真理の追及法のこと。相手との問答をとおして、相手の知識や議論の矛盾や無知を突き、何が真理なのかを発見しようとする教育法で、西洋社会の教育に取り入れられてきた。
2) チュートリアル：教育における個別指導のことで、イギリスの大学では長年にわたり指導に取り入れられてきた。専門家との一対一の指導を受けることで、知性に磨きをかける。

第三節　外　交

　主権国家間の政府による外交は、国家間の利害を調整し対立や紛争を防ぐための要となるものです。民間の教育やスポーツや文化交流などを通じて、諸国民間の相互理解を深め、敬意を醸成し、信頼を高めようとしても、公権力を持つ政府外交が、民間の努力を有効にするような土台を作り、それを促進し・発展させるような働きをしなければ、民間交流は活動環境が悪化し、交流を始めることも、進展させることも、効果を高めることも難しくなります。このため、政府間外交においては外交当局がどのような思想の下に、どのような外交方針を持ち、

他国との関係においてどのような具体的な外交政策を講じるかが、平和構築の条件として重要な鍵となります。

　外交思想は、その時々の政権がどのような他国との関係を望むか次第で、平和的なものにも好戦的なものにもなり得ます。

　平和外交思想の典型例は大東亜戦争・太平洋戦争に敗れた後の日本の外交思想に見ることができます。この長期で広範囲にわたる戦争の敗北は、日本に筆舌に尽くしがたい人的・物的・精神的損害を与えました。日本人だけでも亡くなられた英霊が約310万人と言われていますし、敗戦直後の国内産業と物流網は、全国的アメリカ軍の空爆で壊滅的な損害を受け、食料生産も生活用品の生産も機械など工業製品の生産も著しく低下し、また生産物を輸送する手段にも事欠く状態でした。加えて、政治体制も経済体制も一新され、昨日までの価値観とは180度の転換を余儀なくされたことにより、多くの国民は精神的混乱をきたしました。

　このような環境下では国の再建のためには、何といっても国内の秩序を再構築し、他国との関係においても最大限平和な国際環境となるような努力が必要でした。このためアメリカを中心とする連合国進駐軍(1945年9月から1952年4月まで日本を占領統治)の意向(日本の非武装化・財閥解体[1]・農地解放[2]・教育改革[3]などの施策と新憲法制定による民主化)が働いたこともあり、戦後の日本は再軍備をしない方針の下に平和外交を基本思想として、経済中心の国家運営を計り、徐々にその国力を回復し、1950年代後半以降は「高度経済成長」の波に乗り、国内総生産(GDP)が世界第2位となる「経済大国」と言われるまでになったのでした。

　日本の戦後復興の時期の国際環境は、けして穏やかなものではありませんでした。戦後間もなく、連合国として日独伊の枢軸国打倒のために協力したアメリカとソ連が、その思想と体制と外交方針の違いから離反し、「冷戦」が始まりました。米ソはそれぞれの立場の防衛と

陣営の強化のために集団的自衛権の下に、北大西洋条約機構（NATO：North Atlantic Treaty Organization）とワルシャワ条約機構（WTO：Warsaw Treaty Organization）を構築し、加盟国間の協力により自由主義陣営や共産主義陣営を守ろうとしました。

　日本の近隣では、1949年に中国の国民党と共産党の内戦が共産党の勝利に終わり、同年10月には毛沢東をリーダーとする「中華人民共和国」が樹立され、自由主義陣営への脅威となりました。また朝鮮半島では日本の植民地統治（1910年から1945年）から解放されたものの、冷戦の影響で北は金日成率いる朝鮮労働党が、社会主義思想による朝鮮民主主義人民共和国を樹立し、南は李承晩が資本主義思想の下で親米政権の大韓民国を樹立して分断状態にありました。

　ところが中国革命の成功に刺激された金日成が、1950年6月に社会主義による朝鮮の統一国家を目指して北朝鮮軍を一気に大韓民国に侵攻させ朝鮮戦争が勃発しました。北朝鮮軍の侵攻が急速で、一時は大韓民国軍が朝鮮半島の南部に押しやられる状態となりましたが、アメリカを中心とする「国連軍」が編成され、徐々に北朝鮮軍も押し戻され、1953年7月に北緯38度線を境界とする「休戦協定」が北朝鮮と国連軍の間に調印され、今日に至っています。この朝鮮戦争の間は、日本に駐留するアメリカ軍が朝鮮半島に出撃しましたが、日本は軍需物資や民生品の提供により戦後復興が大いに進展しながらも、軍事的に直接戦争に関与することはありませんでしたので、戦争の被害を受けることはありませんでした。

　その理由の最たるものは日本国憲法が第9条に規定するように、国際紛争の解決手段として戦争に訴えることを禁止しているからですが、当時の日本には軍事力が備わっていなかった事情もあります。日本国憲法はその柱の一つに「平和主義」を掲げていますので、これが戦後の日本外交の基本思想となってきました。

　日本国憲法第9条は下記のように規定されています。

第五章　平和構築の条件

　　日本国民は、正義と秩序を基調とする国際平和を
　　誠実に希求し、国権の発動たる戦争と武力による
　　威嚇又は武力の行使は、国際紛争を解決する手段
　　としては、永久にこれを放棄する。

2 前項の目的を達するため、陸海空軍その他の戦力は、
　これを保持しない。国の交戦権はこれを認めない。

　この憲法を成立させるにあたっては、連合国、特にアメリカの意向が強く働きました。アメリカが日本との戦いにおいて、甚大な人的物的損失を被ったことは事実ですので、戦後の日本が、戦前の軍国主義国家に戻らない歯止めをかけるという背景があります。そのためには政治と経済を民主化すること、またそれを支える教育の民主化も必要と考えたこと、加えて再軍備を封じることが、その基本的な考え方でした。戦前の日本軍を支えた科学技術力は、一時期無敵を誇った零式艦上戦闘機(ゼロ戦)や、戦艦大和・武蔵に代表されるような、世界最高水準のものでしたので、アメリカはその力の復活を恐れて、例えば戦後の日本の航空機製造を長く禁止したような、様々な制約を加えたのでした。
　日本国憲法が前提とした国民主権・基本的人権の尊重・平和主義の三原則は、日本政治の民主化と文民統制[4]の実現、経済面での財閥や地主の支配構造からの脱却、教育の機会均等化の推進など、日本をより民主的な国家に根底から変革する力となりましたが、その中での第9条は日本が国際紛争の解決に武力で関与しない思想的論理的な基盤となって、日本を守ってきました。
　ただ、戦後の歴史を振り返りますと、第9条の威力を減じる方向への悪影響となる出来事が、いくつも起きます。先述の朝鮮戦争では、日

本がその前線補給基地の役割を果たしますが、当時の日本は依然として連合国(主体はアメリカ)による占領統治下にあり、朝鮮戦争の主力となる米軍が「国連軍」の名の下に参戦したからでした。この戦争を受けてアメリカは日本を共産主義から自由主義陣営を守る盾とするべく、1951に「サンフランシスコ平和条約」[5]で再独立を支援し、日米安保条約を結び、日本での米軍駐留を継続させることになりました。

　また、併行して日本そのものの防衛力を復活させるために、1954年には自衛隊の前進となる「警察予備隊」が結成され、今日まで整備拡大されながら国防の任を果たしています。ただ、自衛隊は戦前の陸海軍と異なり、他国から攻撃を受けた場合にのみ軍事力を行使する「専守防衛」の考え方が基本となっていますし、災害救援活動も主たる任務となっていますので、戦前の軍隊とはその性質と任務に大きな違いが認められます。

　その後、1960年には日米安全保障条約の改定をめぐる推進派の岸信介政権と、改訂破棄を訴える国民の一部が対立し、岸政権が強行採決で安保改定を行うという事態が発生しました。当時の米ソを中心とする冷戦構造の中に、1955年に始まるベトナム戦争に関与していたアメリカが、1964年のトンキン湾事件[6]を契機に本格参入し、1975年の戦争終結まで長期間の戦争が展開され、沖縄など日本の米軍基地からも戦闘に参加する事態が生じて、日本も戦争に巻き込まれる可能性が高まりました。

　やがて1980年代からは中国が鄧小平主席の下で「改革解放」[7]路線をとり、経済的豊かさを求める政策を重視し、韓国では87年に民主化が始まり、ソ連ではゴルバチョフ書記長の下でペレストロイカ[8]の改革が進み、89年にはベルリンの壁[9]が崩壊し、91年にはソ連が解体され、冷戦が終結する流れの中で、世界は安定した平和なものに変化する期待も生じました。

　日本では94年のバブル経済[10]の崩壊と、その後の長期に及ぶ経済的

混乱と低迷が始まります。

　一方、その後には1990年にイラクがクウェートに侵攻したのを契機に翌年「湾岸戦争」が発生。応戦したアメリカ軍主体の多国籍軍が事態を鎮圧し、イラクを撤退させましたが、この時には日本にも政治圧力がかかり、110億ドル（日本国民一人あたり1万円負担に相当）もの巨費を支出して多国籍軍を支援しましたが、経済的支援だけでは評価されず、人的貢献も求められましたので、ペルシャ湾に戦後初めてとなる自衛隊の掃海艇派遣となりました。このことは憲法9条の想定する専守防衛の範囲を、初めて乗り越えたことになり、後に自衛隊が海外に派遣される突破口となりました。

　この後日本では1992年にPKO法[11]が成立し、自衛隊をカンボジアに派遣、2001年にニューヨークとワシントンD.C.で発生したイスラム原理主義過激派による「同時多発テロ」の発生後は、首謀者のウサマ・ビン・ラディンらが潜伏しているとされたアフガニスタンへの報復攻撃が始まり、この時は米軍の後方支援として自衛隊の給油艦をインド洋に派遣するという措置が講じられました。

　2012年に中国で習近平政権が成立し、「中華民族の偉大なる復興」と「一帯一路」をスローガンにした軍事力の強化や、領海や領土についても国際法や歴史的経緯を無視した言動が顕著になるにつれ、日本と東南アジア諸国の安全保障環境が悪化したことで、安倍政権下で日本の従来の安全保障に関する考え方と制度の大きな変更が起きます。具体的には重要な軍事情報や外交情報などの外部漏洩を防ぐための「特定秘密保護法」の成立や、条件付で集団安全保障体制に参加することを許容するといった措置がとられました。しかも内閣による「解釈改憲」[12]なる手法で、このような重大な日本の安全保障体制と憲法第9条の規定に抵触するような措置が講じられました。

　このように戦後の安全保障環境の変化に応じて、憲法第9条が規定した内容もその遵守が困難となるような、また規定内容を再考する必

要があるのではないかという主張も強くなるような社会状況が出現していますが、憲法第9条の存在が戦後の日本外交において、戦争に加担しないための一定の枠と、方向性を与えてきたことは間違いないと言えます。

　2022年以降の2年程の間にも、国際連合の常任理事国であるロシアが、隣国のウクライナに突然軍事侵攻し国際法を破り、それを北朝鮮や中国が支援する構図が生まれ、2023年にはイスラエルがパレスチナの民兵組織ハマスの攻撃への報復として、徹底的なパレスチナ掃討作戦を展開し、2024年末にはシリアの内乱が再発しアサド政権が崩壊するという情勢となり、世界の紛争が次々に発生して平和を揺るがしています。

　このような世界状況の下では、平和を構築するために各国はどのような外交を展開するべきなのでしょうか。その答えとなるべき思想的根拠は、「平和学の父」と言われるノルウェーの社会学者のヨハン・ガルトゥング（Johan Galtung）がその著書で紹介している考えに求めることができると考えます。彼の著作『日本人のための平和論』（原題 People's Peace：Positive Peace in East Asia & Japan's New Role）（訳：御立英史、ダイヤモンド社、2017年）の中から、その考えを紹介します。

　彼は、1989年に出された、ユネスコの「暴力に関するセビリア声明」（The Seville Statement on Violence）が述べている「人間に関する5つの科学的に誤っている点」を紹介していますが、そのポイントは下記のとおりです。

　1　人間はその先祖である動物から戦争を起こす傾向を
　　　受け継いでいる。
　2　人間の本能には戦争やその他の暴力行為が遺伝的に
　　　プログラムされている。

3　人間の進化の過程で、攻撃的行動が他の種類の行動より生存に適するものとして自然選択された。
　4　人間は「暴力脳」を持っている。
　5　戦争は人間の本能もしくは単一の動機によって引き起こされる。

　これらを受けて、「戦争が人間の心の中で起こるように、平和もまた人間の心の中で起こる。<u>戦争を生み出した人間は、平和を生み出すこともできる</u>。戦争も平和も責任は私たち一人ひとりにある。」
（ガルトゥング、p.169、下線は著者による）

　この声明が言わんとすることは、総括された言葉「戦争を生み出した人間は、平和を生み出すこともできる」に端的に示されています。「人間は生まれつき戦う動物である」という「思い込み」は科学的に否定できるものであり、人間はその教育や経験を通じて「平和を作りだす能力を持つ存在」へと変化できるものであるという点にあります。この声明をとりあげて平和論を講じているガルトゥング氏には、「人間への信頼」が根底にあるからだと思われます。
　次に彼は、ドイツの経済学者のE.F.シューマッハーの著書『スモール・イズ・ビューティフル—人間中心の経済学』（原題：Small is Beautiful：Economics as if People Mattered, 1973）（訳：小島慶三・酒井懋、講談社学術文庫、1986年）に見られる「仏教経済学」を紹介しています。これは「人生、自己実現、社会の役に立つ仕事、他者とのつながりに価値を置く経済学」のことで、仏教の精神を体現した理想的社会を指していますが、その豊かな共同体を形成する鍵が「分かちあい」であったと指摘し、人間にその気があればこのような理想社会を作ることも可能であるとしています（ガルトゥング、p.189）。こ

れは人間が平和に共存するためには、我欲のみを満たそうとするのではなく、お互いに良いところを共有し、不足するところは支え合う関係でいることの大切さを説いたものですが、国際社会における国家間の関係も、国内における国民間の関係にも適用できる考え方だと思われます。

　もう一つの思想的根拠として彼が提唱しているのは、日本国憲法第９条の進化です。これまでの第９条は、先の大戦で経験した惨禍を繰り返さないために、武力による紛争解決はしないことを定めた「反戦憲法」の性格を持つものではあるが、「平和憲法」の性格は有していないと指摘しています。日本国民の多くは第９条の存在のゆえに、国際間の紛争に軍事力をもって直接関与することから避けることができたと信じている一方、丸腰の状態では何とも国民の安全を保障するには心もとないとの認識で、「専守防衛」に限定された機能を持つ「自衛隊」を設立しました。

　自衛隊はその力を拡張整備し有効に機能し、湾岸戦争までは何とか外国の紛争に巻き込まれないで推移してきましたが、アメリカやそれに連なる同盟諸国からの圧力で、徐々に自衛隊が海外派遣される事案が増え、国内の自由民主党を中心とする改憲派の人達は、日本を取り巻く国際情勢の緊迫を追い風にして「普通の国」、即ち、常備軍を持ち防衛のみならず攻撃力も持つ国になるように、憲法第９条を変える動きが強くなり、今日の部分的集団安全保障への参加の道が開かれたのでした。

　ガルトゥング氏は武力による紛争解決を否定し、第９条が備えるべき内容について、「これまで通りの反戦憲法であるにとどまらず、積極的平和の構築を明確に打ち出す真の平和憲法であってほしい。平和とは何かを明記し、公平と共感の精神を高く掲げるものであってほしい」(前掲、p.225)と訴えています。

　この考えは、人間間の争いの種をなくし予防すること、紛争が生じ

ても武力ではなく平和的手段で解決することを選ぶことを前提に構想されたものと思われます。

　上記のような考え方を基に外交を展開するとしたら、どのような方針と内容が考えられるでしょうか。それは「主体的に平和を作る外交」という方針だと思われます。絶対に守るべきこととして「国際間の紛争の解決に軍事力を用いない」決意を堅持し、「対話等のあらゆる外交努力をする」ことが大切です。

　この方針は「現実的には機能しない机上の理想論」に過ぎず、実際に国民が武力攻撃を受けたら「無抵抗で座して死する」わけにはいかないという批判もあるでしょうし、その通りでもあります。また近年は国際間の脅威は、サイバー攻撃、宇宙空間からの攻撃、人工知能を利用した情報操作攻撃など多様で、従来の伝統的な軍事力・防衛力の概念に基づく体制や武器や装備や人材では通用しなくなっていますので、なお一層の現実的な「力による対応」が求められているのも理解できます。

　ただ、このような力による対応は、戦前に経験したように、際限のない軍事拡張競争に陥ることになります。戦前の海軍軍人であった堀悌吉中将は、海軍大学校在学中に「戦争善悪論」なる論文を執筆し、「戦争は悪であり、絶対に避けるべきものである」と訴えました。そして「あらゆる外交手段を通して紛争の解決に努力することの大切さ」を説きました。この論文が発表されたのが1934年という、日本で満州事変以降の軍国主義が強くなってきた時期であることと、海軍の上級将校が論じたものであることは、その意義の重みがわかります。

　堀中将は海軍兵学校を首席で卒業し、日露戦争に連合艦隊旗艦の三笠にて従軍し、フランス駐在武官として第一次世界大戦を現場で目撃した経験から、戦争の悲惨さを強く実感し、大戦終了後からはワシントンやロンドンの軍縮会議にも日本代表の一員として参加し、軍備縮小への道筋をつけるのに尽力をした人です。海軍内部では「条約派」[13]と

して知られ、生涯の親友であった山本五十六元帥や古賀峯一大将らと共に、「軍備縮小」・「反戦」の旗振り役を務めました。残念ながら当時の軍国主義の高まりと、ヒトラーやムッソリーニの台頭のような国際情勢の変化もあって、軍備縮小反対の「艦隊派」[14]により、予備役に編入され、海軍内部での影響力が弱まりましたが、海軍のトップリーダーであった堀中将自身が「平和外交の大切さ」を説いているところに、忘れてはならない指針があるのです。

　「平和を作る外交」は、積極的な紛争予防という意味合いがあります。相手の動きに合わせて単独・あるいは集団での軍事整備を行うよりも、隣人間の「信頼感や敬愛感」を醸成し友好関係を構築するような働きかけに尽力することで、平和を創造しようとする方法です。その考えは「利他の心」・「共存共栄」にあります。まず相手が何を問題や不満に思っているかを把握し、その解消に何かできることはないかを考え、相手の意向を確認し、自らの対応力と問題点も確認しながら、そのバランスをとって相手に対応することが出発点となります。政治体制や価値観を共有できる相手となら、このやり方も比較的やり易いかもしれませんが、体制も価値観も異なる相手の場合は、このやり方は容易ではないかもしれません。それでもあえて関わりを持とうとする努力の中から、平和的解決への道が見えてくるかもしれませんので、諦めないことが大切です。

　具体的な政策のレベルでは、例えば、JICAが担っているような資金・技術・人材面での途上国支援のようなものもあれば、日韓サッカーワールドカップ共催のような共同事業、あるいはアフリカの諸問題解決のために1993年以降に日本政府が主体となって定期的に開催しているTICAD(Tokyo Conference on African Development)「アフリカ開発会議」のようなものへの貢献といったものもあります。TICADには、日本政府や国連、国連開発計画、アフリカ連合委員会、世界銀行が参加して、アフリカ諸国と討議を進めながら問題を把握し、相手のニー

ズを考慮した経済成長、そのための個人の能力育成、そして官民一体となった協力が展開されています。

平和を作る外交において注意を要することに、相手が望んでいるかどうかをよく確認しないで、同盟国の要請に応じて悪く言うなら「ご機嫌取り外交」で、却って相手の反感をかい本来の目的から逸脱した結果を招くことがあるという点です。先述のパキスタン・アフガニスタンの医療と水事業で、偉大な貢献をした中村医師が実体験した例に、それがよく表れています。

それは、アメリカが2001年の同時多発テロへの報復として、アフガニスタンに軍を派遣し空爆等の攻撃をしますが、それを支援する形になったのが、日本の海上自衛隊艦船をインド洋に派遣し、米軍への給油支援を行ったことにあります。

先の大戦以降は、平和国家として奇跡的な復興をとげ、「経済大国」となり、中村医師のように国民生活の改善のために献身的な貢献をしてくれる友好的な国として、日本はアフガン人から信頼され敬愛の眼差しで見られていたのですが、自衛隊の派遣により、米軍と一体化した国と日本人に対する評価が変化し、アフガニスタンで活動する中村医師たちも危険を感じるようになり、最終的には中村医師自身が2020年12月に移動途中を襲撃され、命を落とすことにもなりました。

これは中村医師自身が述べているように、アフガン人が本当に求めているものが何かを正確に把握しないまま、テロリストの討伐は国際社会の要求であり、また米軍に協力することは、日米関係の重要さから当然であるとの考えに基づく行動の結果でした。アフガン人が必要としていたのは、農業ができる環境の回復であり、そのための水の確保、そして生き残るための食糧と、安心して住める居住地や医療の提供だったわけですが、現場を詳しく調査し、また現地で長年働いてきた人達の意見に配慮することなく行われた行動のもたらした、信頼と敬愛の情の喪失は大きな外交的痛手となりました。

同様のことがかつて良好な関係を維持していたイランとの間でも起きました。1979年のイランのイスラム革命以来、イランとアメリカの関係は敵対関係となりましたが、アメリカとの関係を重視する日本の行動が、イラン側からは裏切られた印象につながることもあり、営々と築いてきた友好的関係が損なわれることにもなりました。平和構築のための「主体的外交」が問われるもう一つの事例です。

(注)

1) 財閥解体：第二次世界大戦終了後の連合国軍総司令部（GHQ）の日本占領統治時代に、1945年から52年にかけて行われた、三菱・三井・住友のような巨大財閥の解体のことである。特定の巨大な企業集団が経済支配をすることを防止し、経済活動の民主化と活性化を狙って実施されたものである。

2) 農地解放：GHQの指示により行われた、1947年から50年までの間に実施された、農業の民主化を狙って、地主制度の解体と自作農の増加をはかった、戦後の農業制度の一大改革である。

3) 教育改革：戦後の日本を2回にわたり訪れたアメリカ教育使節団が提出した、1946年と50年の報告書を基に行われた、日本の教育改革である。教育の民主化を狙いとしていた。

4) 文民統制：戦前の陸軍と海軍は、大日本帝国憲法下で天皇の統帥権のみに制御されることになっていたが、1931年の満州事変以降は軍部の政治介入が強くなり、内閣が政治に責任を持てない状況になって敗戦を迎えた反省から、日本国憲法では軍人が政治に関与できないように、文民が統治する仕組みを設けたこと。

5) サンフランシスコ平和条約：1951年にサンフランシスコで連合国と、日本政府の間で交わされた平和条約で、日本の再独立を可能にした。

6) トンキン湾事件：南北ベトナムが争っている最中の1964年8月に、ベトナムのトンキン湾を航行中のアメリカ駆逐艦が、北ベトナムの魚雷艇から攻撃を受けた事を契機に、アメリカが北ベトナムの空爆

第五章　平和構築の条件

を開始し、本格的にベトナム戦争に関与することになった事件。

7) 改革解放：経済発展が遅れていた中国が、鄧小平主席の指導の下に、1978年から始めた市場主義経済の導入による経済改革のこと。この政策により、貧しかった中国は急速に経済力をつけ、世界の経済大国へと成長していく。

8) ペレストロイカ：ソビエト連邦の最高指導者であったゴルバチョフ書記長が、停滞するソ連の刷新を狙って行った、1988年から91年にかけて行った政治改革で、ソ連の崩壊に繋がった。

9) ベルリンの壁：第二次世界大戦後に分割された東西ドイツにおいて、東ベルリンの市民が西側（自由主義陣営）の西ベルリンに逃亡することを防ぐ意味で建設された壁のことで、1961年から89年まで存続した。

10) バブル経済：不動産や株など時価総額が変動する分野で、異常な投機により実態経済規模よりも膨らむ現象。日本は1986年から91年にかけてバブル現象が起き、94年に終焉を迎え、その後の低迷する経済を生み出した。

11) PKO法：1990年の湾岸戦争で莫大な戦費を提供したにも関わらず、人的貢献の不足を批判されたことを受けて、1992年に日本が国連の平和維持活動であるPKOに寄与することを目的に成立させた法律。同年9月に初めてのアンゴラ監視団に人を派遣した。

12) 解釈改憲：日本国憲法は、憲法改正には国会（衆参両院）議員の三分の2以上の賛成の後に、国民投票で過半数の賛成を得るという厳しい条件を設けているが、解釈改憲は内閣の解釈を閣議決定することで、実質的な憲法改正を行うことで、法的には問題とされる。

13) 条約派：日本の旧帝国海軍において、山本五十六・堀悌吉・古賀峯一のように、国際条約によって際限なく膨らむ軍備拡張競争に歯止めをかけようとした人達の総称。

14) 艦隊派：旧帝国海軍において条約派に反対し、米英と同じ比率で艦隊を編成するよう求めた人達の総称で、伏見宮博恭王・加藤寛治・山本英輔などが中心人物とされる。

第四節　国際機関

　平和構築には、国際機関も重要な役割を果たしています。中には国連機関のように、組織・内容・規模・範囲も大きく広いものから、非政府組織（NGO：Non-Governmental Organization）や非営利組織（NPO：Non-Profit Organization）のように特定の分野や地域で活動しているものもあります。これらの諸活動を通じて平和な世界の構築の阻害要因を取り除きながら、平和を促進する人的・物的条件が整備されていますので、それぞれの国際機関の特性に応じた活動と、諸国民の協力が平和構築には不可欠です。

１．国連機関

　国際連合の専門機関として機能している組織には、ILO（国際労働機関）・IMF（国際通貨基金）・WHO（世界保健機関）など多数の専門機関がありますが、ここでは平和構築に関わる人的交流・育成と人的救済の観点から、その働きが顕著であるユネスコ（UNESCO：United Nations Educational, Scientific, and Cultural Organization 国連教育科学文化機関）とUNHCR（United Nations High Commissioner for Refugees 国連高等難民弁務官）事務所の二つを取り上げて、その働きと平和構築への貢献について見てみます。

(1)　ユネスコ

　ユネスコはその憲章前文と第一条（目的と機能）に謳われているように、戦争は人の心の中に生まれるものであるから、人の心の中に平和の砦を築かなければならず、そのためには世界の諸国民が教育・科学・文化の協力と交流を通じて国際平和と人類の福祉の促進のために行動することを目的として設立された国際連合の専門機関です。国連広報セ

ンターによると、ユネスコは195の加盟国で構成され、世界のすべての人への教育の提供、人権の遵守、貧困の撲滅、持続可能な開発、自然科学と社会科学の研究促進、自然遺産・文化遺産の保護など、多様な分野に貢献しています。

これらの活動を支えるために、世界各国の政府内に199の国内委員会、100か国以上の国に約4,000のユネスコ協会やユネスコセンターがあり、またユネスコクラブの支援を受ける何百もの国際的な非政府組織や様々な財団や同様の機関と公的な協力関係を維持しています。また128か国の約10,000の学校や700以上の高等教育研究機関とのネットワークとも連携しているとされています。

ユネスコは1945年に創設され、徐々にその活動領域と機能を充実させながら今日に至っていますが、1947年には日本の仙台に世界初のユネスコ協会が設立され、その理念と具体化の普及に貢献しました。大東亜戦争・太平洋戦争を闘い甚大な人的物的損害を被りながら、敗戦国となった日本国民の切実な平和への希求が、志を同じくするユネスコの理念と活動に賛同した結果生まれたものと言えますが、世界大戦の傷跡が生々しく残っている世界に先駆けて、戦争を引き起こした当事者であり被害者でもあった日本から、ユネスコへの協力団体が誕生したことは大いに意義のあることでした。

日本でのユネスコ活動は徐々に広がり、現在は全国に約300の支援組織があり、それを束ねる役割を担うものとして、公益社団法人「日本ユネスコ協会連盟」があります。これはユネスコ本部と日本の文部科学省内に設置されている国内委員会と連携をとりながらも、独立した非政府組織(NGO)として、ユネスコの理念と目的の達成のために活動している団体です。その活動は「私たちの想い」の中に「教育が人々の心の中に平和のとりでをつくる。貧困の連鎖を断ち切る力になる。文化や自然を尊ぶ心を育てる。そして明日を生きる希望と力になる」と謳われているように、その理念を「平和の心を広げること」に

求め、その使命を「平和な世界の構築」と「持続可能な社会の推進」に置いています。具体的には、「世界寺子屋運動」のように、戦争や貧困などで学ぶ機会を持てずにいる人達に学びの場を提供する活動や、世界遺産や自然と文化を尊重する心を育む「世界遺産活動・未来遺産運動」のような活動が行われています。

同様の活動が世界各国で行われており、平和の構築に貢献しています。

(2) UNHCR

国連高等難民弁務官は、1950年の国連総会での「難民の地位に関する条約」によって誕生し、国連による難民や国内避難民の保護など難民に関する諸問題の解決を任務とする国際公務員ですが、その職務を支援する組織として「国連高等難民弁務官事務所」(The Office of the United Nations High Commissioner for Refugees)を有し、その本部はスイスのジュネーブに設置されています。現在は「国連難民機構」(the United Nations Refugee Agency)とも呼ばれています。その活動は136か国に及び、約12,000人の職員（契約職員も含めると約17,000人）が従事しています。

難民は、政変による国内政治の不安定化や近隣国との紛争、あるいは自然災害の発生による居住地の喪失により発生しますが、UNHCRは難民の救済を国際的規模で行います。その活動内容は多岐にわたります。難民の保護のための簡易的な住居の提供、食料や医薬品の提供、公衆衛生の推進、人権の擁護、生活再建支援など多くの救済業務を担っています。UNHCR本部が2024年6月に発表した報告によれば、2024年5月時点で世界の難民数は1億2千万人とされていますが、これだけ多数の人達がUNHCRの救いを求めていることを考えますと、いかにその使命が重大であるかがわかります。

このようなUNHCRの難民救済活動が、平和の構築にどう関わるかについて考えてみますと、救済に関わった人達と救済された人達との

間に、感謝と信頼と敬愛の情が芽生え、国境を越えた人と人の良い絆が生まれることで、争いを避け平和的に問題を解決していこうとする「心構え」が整うことにあるように思われます。UNHCRの創設以来74年が経過しましたが、この間に多くの人々が支援を受け命を救われてきました。もちろん多様な問題に阻まれて、十分な救済活動ができなかった事例もあることでしょう。ただ、そのような場合でもUNHCRが全く手を差し伸べていなかったら、多くの命が失われるという悲惨な結果を招いたと思われますので、少しその効果を割り引いたとしても、人の心に平和の種を蒔いたと言えるでしょう。

　日本との関りでは、UNHCRの第8代難民高等弁務官（1991年－2000年）を務めた緒方貞子氏の功績が、難民の保護・救済活動の充実と発展という点と、結果としての世界の平和構築への貢献という意味で顕著であると言えます。UNHCRの緒方氏の足跡をたどる紹介では、弁務官に就任した時期は冷戦が終結しながらも地域紛争が増加する傾向があった時で、例えば湾岸戦争、ボスニア紛争[1]、ルワンダ内戦[2]のような多くの難民が発生しました。このような争いに対し緒方氏は、それぞれの状況に応じた対処法を講じ、難民の保護と救済に努めました。

　湾岸戦争の時にはイラク国内のクルド人が武装蜂起しながらもイラク軍に制圧され、約180万人の難民となってイランとトルコの国境に逃れましたが、トルコが難民の受け入れを拒否したために一部の難民はイラク国内に留まらざるを得ない状況に追い込まれていました。当時は国内の避難民に対しては国家の主権を尊重する観点から、UNHCRのような国際機関が介入することはできないこととなっていましたが、緒方氏は「人道的視点」から保護と救援の手を差し伸べ、難民のためにキャンプを設営したり、イラク駐留米軍に滞在延期を要請して治安維持に尽力しました。これはUNHCRの歴史の中で初めて行われた「国内避難民の保護・救済」となり、新たな活動の指針となりました。

　ボスニア紛争の時には、UNHCRはサラエボ地域に住む全ての難民

に救援物資が届くように計らいましたが、セルビア系住民を抑えイスラム系住民を優遇できるように、ボスニア政府はセルビアに続く道路を封鎖しようとしましたが、緒方氏は全ての救援活動を停止すると訴えて、難民救済への政治介入を退けました。また1994年に発生したルワンダ紛争では約200万人の難民が発生し、近隣のザイール(現コンゴ民主共和国)やタンザニアやウガンダなどに逃れましたが、UNHCRはザイールに流入した約100万人の難民救済のために、ザイールの国境沿いのゴマに難民キャンプを設営し、食料支援などを行いました。ただ難民の中に武装勢力が混じっていたことから治安維持が最大の課題となる中で、緒方氏はザイール大統領の協力を得て、治安維持を成功させたのでした。

　このような緒方氏率いるUNHCRの働きで救われたアフリカの人達の中には、誕生した子供に緒方氏の「貞子」という名前をつけた人が多くいるそうですが、これは緒方氏がいかに多くの人達の心に感謝と敬愛の念を持って記憶されているかを物語るものだと思われます。UNHCRという組織とそれを支援する国際社会の力で、多くのアフリカ難民の命が救われたので、その支援者たちに感謝する気持ちが強いことは理解できますが、そのリーダーであった人の名前を、愛する自分の子供につける行為は、緒方氏に対する純粋な強い敬愛の想いの象徴です。

　緒方氏は、UNHCRを率いる基本的な仕事の取り組み方として、危険を伴うような現場でも必ず自らその場に出向き、現状を把握しながら必要な指揮をすること、また複雑で困難な問題からも逃げずに何としても難民を救うことを旨として実践していたそうですが、このような姿勢と行動が難民の心を打ち、敬愛の情と信頼を深めることになったのだろうと推察されます。

第五章　平和構築の条件

〈UNHCRの緒方貞子氏〉

1990年に第8代国連高等難民弁務官
就任時の緒方氏
　　　（写真：©UNHCR/E.Brissaud）

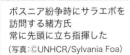

ボスニア紛争時にサラエボを
訪問する緒方氏
常に先頭に立ち指揮した
（写真：©UNHCR/Sylvania Foa）

ジュネーブの第51回UNHCR執行
委員会で功績を賞賛される緒方氏
　　　（写真：©UNHCR/Susan Hopper）

2．非政府組織（NGO）

　NGOは、政府や国際機関などに属さず、世界的な問題に対して活動を行う、市民団体のことです。その対象は教育・医療・人権・環境・貧困など多様な世界的諸問題ですが、類似した機能を持つ団体に非営利組織（NPO）があります。NPOは利益ではなく、何らかの社会的目的の達成のために活動する団体という点ではNGOと共通していますが、その活動内容と法人格の有無という点で区別されています。NGOには法人格はありませんが、NPOには「特定非営利活動法人」あるいは「一般社団法人」の法人格が与えられています。外務省の分類では、活動内容が海外の課題に取り組んでいるものはNGOであり、国内の課題に取り組んでいる場合はNPOとされています。

　NGOには多くの団体があり、それぞれの分野で多大な貢献をしていますが、ここでは国際的にもよく知られており、平和構築にも貢献度が高いと思われる「赤十字社（The Red Cross）」・「アムネスティインターナショナル（Amnesty International）」・「セイブ・ザ・チルドレン（Save the Children）」並びに日本の各種NGO・政府・企業・個人の活動を横断的にまとめ、総合的に国内外の災害被災者や紛争被害者などを支援する団体としての「ジャパンプラットフォーム」（Japan Platform）を概観してみます。

(1)　赤十字社（The Red Cross）

　赤十字社は、1864年にスイスのアンリ・デュナン（Jean-Henri Dunant）により設立された、紛争や自然災害により生じる傷病者の救済を主たる任務とする団体です。世界各国に存在し、宗教の影響から主としてキリスト教国では「赤十字社」を、また主としてイスラム教国では「赤新月社」を名乗っています。世界全体の運営は、赤十字国際委員会（ICRC：International Committee of the Red Cross）と、国

際赤十字赤新月社連盟(IFRC：International Federation of the Red Cross)、及び各国の赤十字社・赤新月社の組織で行っています。

　ICRCは主として紛争により生じる傷病者の救済を、IFRCは主として自然災害により生じる傷病者の救済を、そして各国の赤十字社・赤新月社は国内の傷病者の救済を担当する役割になっています。ただ、いずれの活動も相互の連携と協力がなされており、世界のどの国や地域で起きる紛争や自然災害の犠牲者救援にあたることができる体制になっています。赤十字国際委員会によれば、その根拠は「ジュネーブ条約」にあります。

　この条約は1864年に成立しましたが、その後の戦争の方法や態様が変化したことに伴い、第二次世界大戦後の1949年には「ジュネーブ四条約」が加わり、さらに1977年には四条約を補完する意味で「二つの議定書」が加わりました。いずれの条約と議定書も、その目的は傷病兵・捕虜並びに非武装の民間人の救済と保護にあります。日本赤十字社によれば、どこでどのような活動を行う場合にも7つの原則(人道・公平・中立・独立・奉仕・単一・世界性)の下に活動することになっており、この原則が守られるように加盟国は国内法の整備を行うことが義務づけられています。

　2024年2月現在のジュネーブ条約には196か国が加盟しており、その数が国連加盟国数よりも多いこともあり、「世界共通のルール」と言われています。日本は1953年4月にジュネーブ4条約に加盟し、2004年8月には二つの議定書にも加盟しました。加盟国には条約と議定書に違反した場合の罰則を定める義務がありますので、日本は2004年に「国際人道法の重大な違反行為を処罰する法律」を制定して、条約上の義務に応えています。このような各国の条約履行努力に加えて、事実関係を調べるための「国際事実調査委員会」が加盟国の共同利用機関として設置されています。加盟国が戦争犯罪人を裁く意思も能力も有しない場合は、国際刑事裁判所[3]に訴えることでジュネーブ条約の実

効性を担保する仕組みもあります。

　さて、赤十字社・赤新月社の活動と平和構築の関係を考察してみますと、この団体の活動には国境がないという特徴があります。政治体制や経済体制など国家特有の事情とは関係なく、病人や怪我人や難民がいて救援を求めている場合は、いつでもどこでも出向いて救済の任にあたります。このことは救助してもらう人からすると、安心して助けてもらえることを意味しますので、団体そのものと直接現場で救援活動を担ってくれる人達への、深い感謝と信頼と敬愛を生むことになります。ここでも、自己犠牲を厭わず、「利他の心」・「他者への奉仕」を基に困難に面した人を救済する「人間愛」が、平和構築の礎を提供していると言えるでしょう。

⑵　アムネスティ・インターナショナル（Amnesty International）

　アムネスティ・インターナショナル（Amnesty International 以下 AI で略する）は、AI 日本の紹介によれば、1960年に英国の弁護士のピーター・ベネンソン（Peter Benenson）氏が、当時軍政下にあったポルトガルの学生が、「自由に乾杯」と発言しただけで司法当局に逮捕され、7年も牢獄に拘留されたという新聞記事を発見し、その理不尽さに異議を唱える声を、1961年にオブザーバー紙（The Observer）に「忘れられた囚人たち」（The Forgotten Prisoners）という記事として投稿し、この記事が欧米各国の新聞に翻訳して転載され、その呼びかけに多くの人が呼応したことから、その活動と組織化が始まったとされています。

　非暴力で合法的に自分の考えを主張することや人種や宗教の違いを理由として逮捕抑留されるような人達を「良心の囚人」（The Prisoners of Conscience）と呼び、この人達を解放するよう各国政府に訴える手紙を書くことから始まったこの運動も、現在では200か国で活動が行なわれ、1,000万以上の支援者と、70か国に支部を持つ世界的なNGOに成長しています。AIはその活動理念を普遍中立の思想に置き、国際

法や人道に関する各種の基準に照らして、不当な弾圧や困難に直面している人達の救済に力を尽くしています。

　AIは、国際連合の経済社会理事会(ECOSOC：United Nations Economic and Social Council)の特別協議資格を持つNGOで、強い国際的発言力を有しています。主たる活動内容は、死刑廃止・難民と移民・LGBTと人権・国際人権法・子どもの権利・気候変動と人権・ビジネスと人権など多岐にわたる内容の「状況調査」・「メディアによる報告」・「該当政府への提言」という形に帰結しています。どの活動も人が不当な弾圧や抑圧や搾取を受けることがないように人権を保護することを目的としています。政府当局に拘束されている人は解放されるように、国連や国際世論の力も借りて、当該政府に働きかけています。その活動が「自由・正義・平和の基礎の構築」に貢献したことに対して1977年にはノーベル平和賞が授与され、翌1978年には国際連合人権賞も授与されました。日本支部は1970年に設置され今日に至っています。

　このようなAIは平和構築という観点からはどのように役立っているのでしょうか。世界が平和であるためには、そこで暮らす人間が安心して平穏に暮らせる環境が必要です。そのためには、日々の暮らしの中の人権保障が不可欠です。時の政権の意向で不当な圧力を受け、言論の自由や思想信条の自由が制限されたり、脅迫や暴力を受けたり、正当な理由のない逮捕や取り調べを受け、最悪の場合は刑務所への収監や拷問や強制労働や死刑に処されるようなことがないような社会を作らなければなりません。

　人間が長い年月を経て獲得した「基本的人権」[4]とその保障は、何人にも平等に与えられるべきものですので、それを侵害しようとする力には、直接間接に働きかけて、その侵害行為をやめさせなければなりません。その働きかけを行う国際団体がAIですので、この団体の力で人権侵害が阻止されるようであれば、世界の人々が安心して暮らせ

る環境の形成に大いなる力を与えることになりますので、平和の構築の実現に貢献します。

　残念ながらAIには公権力の持つ強制力がありませんので、あくまで国際世論に訴えて人権侵害国を批判し、その侵害行為を辞めさせる圧力をかけることしかできませんが、無批判に放置すれば侵害行為は継続することになりますので、圧力をかけ続けることが大切です。基本的人権の概念が確立し、それを憲法で保障する国々が登場するようになった後も、人権侵害を続ける国は後をたたず、AIの役割は益々重要になっています。

⑶　セーブ・ザ・チルドレン（Save the Children）

　セーブ・ザ・チルドレン（以下STC）は、STC日本によれば英国人エグランタイン・ジェブ（Eglantyne Jebb）女子が、1919年に第一次世界大戦の惨禍で傷つき、十分な食料もないまま苦しんでいるヨーロッパ諸国の子供たちを救済することを目的として始めた運動とされています。その成果が1923年にJebb女子が起草し、当時の国際連盟に持ち込んだ「子供の権利に関する宣言」で、翌1924年には「ジュネーブ子供の権利宣言」[5]として帰結しました。第二次世界大戦後も、この宣言の理念は尊重継続され、1959年に国際連合が「子供の権利に関する宣言」を行い、1989年に「子供の権利条約」が署名され、翌1990年に発効しました。現在は日本を含む196ヵ国が批准しており、世界29ヵ国のSTC InternationalとSTC Japan（1986年創設）のような本部と支部が連携して、約120ヵ国で子供の支援活動を行っています。

　その理念は、いかなる国や地域でも子供の「生きる・育つ・守られる・参加する」権利が実現する世界を作ることにあり、その使命は子供に向き合う姿勢と環境の画期的な変革をもたらすことにあるとされています。具体的な活動としては、子どもの保健・栄養・教育が保障されることや、自然災害や紛争が生じた場合の緊急人道支援、貧困問

題の解決、虐待予防など多岐にわたりますが、このような活動を通じて子供を取り巻く環境の改善と、子どもの人権の保護・促進が行なわれています。

「子供は未来への宝」であることを考えますと、STCの活動の重要性がわかります。UNESCOや赤十字やAIなど他の国際機関や団体との連携を含めて、子供の人権と生活と教育を保障する活動を通じて、成長の過程で子供たちが「幸福で健全な成長」を遂げることができるように支援することで、他者を不幸にするような戦争のような加害行為に加担しない心を育て、結果として平和な世界の構築にも寄与できるものと思われます。

⑷ ジャパンプラットフォーム（Japan Platform）

ジャパンプラットフォーム（以下JP）は、JP本部の案内によれば、その設立の経緯は1999年のコソボ紛争[6]にあるとされています。その当時、発生した50万人の難民救援のために世界各国のNGOが活躍する中で、日本では単独で迅速かつ効果的な救援を行えるNGOがなく後塵を拝したのを機に、国際社会の人道危機に日本が適切な貢献ができるよう、救援に関与するNGO・政府・企業・個人を有機的に結び付け、被災者や避難民が必要とする救援を、総合的かつ人道的見地から迅速かつ効果的に支援する「中間支援組織」として2000年に誕生したのがJPとされています。その役割は各種支援NGO・政府・企業・個人の「まとめ役」「調整役」「総合指揮所」となっています。

JPを通じて自然災害の被災者や紛争による難民に対し、JPに加盟するNGO・政府機関・企業・個人が相互協力しながら、All Japan体制で必要とされる緊急支援（資金・物資・サービス・人材など）を届ける仕組みになっています。現在の加盟NGOは47団体（例：日本赤十字社など）で、JP設立以降の実績として、活動した国や地域が67カ所、支援総額924億円、実施事業2,300件とされています。JPのような物資・

情報・ノウハウ・人材の提供だけでなく、政府機関も参加し、資金も統一的に動かせる総合的NGO支援組織は世界的にも珍しく、日本のNGOを通じた国際貢献の要として期待されています。

　上記のような「世界的にも珍しい組織と機能を備えた人道支援団体」であるJPの今後の活動を通じて、支援を受けた人々の心に　感謝と信頼と敬愛の情が生まれ、やがては国際平和構築へのエネルギーに転換されていくことが期待されます。

3．非営利組織（NPO）

　NPOは先述したように特定の社会目的を持った非営利団体で、法人格を持っている点がNGOとの主たる相違点です。外務省の分類では国際的な活動を行う団体がNGOで、国内での活動を行うのがNPOとされていますが、NPOの中にも国際的活動をしている団体もありますので、必ずしもこの基準で全てが分類されるわけでもありません。NPO法人データベースによれば、NPOの活動の種類は例えば、保険・医療・福祉、災害救援、国際協力、人権・平和など多岐にわたりますが、NPO法人によってはその活動の内容と範囲が国内だけでなく、国外にも及ぶものもあります。

　例えば、日本のNPO法人「ピースウインズ」(Peace Winds)は、25年以上にわたり国際人道支援を任務として、国際紛争により傷ついた人々の支援を行ってきました。その活動内容は、緊急食糧支援や医療支援、あるいは継続した教育支援や就労機会の提供など多岐にわたります。このようなNPO活動は、政府機関による支援とは異なり、迅速かつ柔軟に助けを求めている人たちの実情に即した支援を展開しやすいところに、その良さがあるとされていますが、他の国際機関の支援同様に支援する人とされる人の間に、感謝と信頼と敬愛の情を生み、良い心の絆を形成し、結果として平和構築にも貢献していると言えるでしょう。

第五章　平和構築の条件

(注)

1) ボスニア紛争：1991年のユーゴスラビア解体に伴い、92年にボスニアとヘルツエゴビナが独立を宣言したが、セルビアが反対したことに端を発する内戦。95年まで3年半の戦闘が続き、多くの死者と難民を出した。

2) ルワンダ内戦：ベルギーの植民地であったルワンダで、62年の独立後に発生したツチ族とフツ族間の内戦。1990年から94年にかけて戦闘が行われ、フツ族によるツチ族の大量虐殺が行なわれた。

3) 国際刑事裁判所：2002年にオランダのハーグに設置された国連の機関で、個人の国際犯罪を裁く。

4) 基本的人権：人が生まれながらにして持っており、誰にも侵害されない権利のこと。1215年のイギリス王ジョンの権利制限を始まりとし、その後アメリカ独立革命やフランス革命を経て、確立してきた。自由権・平等権・社会権・参政権が含まれる。

5) ジュネーブ子供の権利宣言：1924年に国際連盟が採択した、子供の国際的権利保障の出発点となった宣言。

6) コソボ紛争：ユーゴスラビア紛争の過程で、バルカン半島南部のコソボで発生した2回にわたる内戦。

第五節　宗　教

　宗教が平和構築に貢献できることは何でしょうか。一般的に宗教は人の生き方を示し、人を幸福にするために存在していますが、歴史を振り返るとわかるように、宗教が人間の争いを招いてきたことも事実です。先述したキリスト教世界のカトリックとプロテスタントのもめごとや、キリスト教とイスラム教との十字軍をめぐる争いのようなもの、あるいはイスラム教内でのスンニー派とシーア派の対立のようなも

のまで、様々なものがあります。このような人間間の不信や対立や争いを招くような宗教なら、ないほうが良いという考えもあり得ますが、実際の人間生活には、宗教の存在は連綿として継続しています。それは、人間が宗教を必要とするからに他なりませんが、今後の平和な世界の構築のためには、宗教界でも努力をしていくことが必要と思われます。では、どのような努力が必要なのかを次に述べることにします。

　まず近年の世界的な宗教離れについて確認します。アメリカの社会学者のフィル・ザッカーマン(Phil Zuckerman)が、フランスの時事週刊誌レクスプレス社(L'EXPRESS)のインタビューに答えた2023年9月20日の記事によりますと、世界の様々な宗教宗派で信徒が離れている現象が確認されているそうです。これは「信仰」・「実践」・「所属」という宗教への関与度合いを示す三要素の、どの観点から見ても確認できるそうです。信仰とは「超自然的な存在としての神を認知的に受け入れること、即ち、神の存在を認める」ことです。実践とは、神に祈り救いを求め、所属する教会や寺院に参詣したり、宗教行事にも参加することを指します。所属は、自分の信仰する宗教宗派に信者として所属することを指します。

　この三要素について、100か国以上で数十年調査した、国際データが示す例をいくつか紹介します。イギリスでは1967年時点で、成人の77％が神を信じていましたが、2015年には32％へ減少しています。ニュージーランドでは2001年時点で、30％の人が無宗教でしたが、2018年には50％へと増加しています。アルゼンチンでは1984年に教会の礼拝に一月に一回以上参加していた人は50％いましたが、2017年には36％に減少しています。

　他にも、ドイツでは2022年だけで50万人を超える人が、カトリック教会を離れたそうですし、フランスでも国民の過半数は無宗教であることが判明し、同様にイギリスでも国民の過半数はキリスト教徒ではないことがわかったそうです。信仰の自由を求めて建国されたアメリカ

合衆国でも、三分の一は無宗教となっています。これらの例は、1970年代まで社会学者の通説となっていた、「社会の近代化と技術の進歩の結果、宗教は衰退する」という見方と軌を同じくしていることがわかります。

　日本の宗教学者の島田裕巳氏が語った(『現代ビジネス』、2020年9月5日号、講談社)ところによれば、世界各地と同様に日本でも宗教離れが加速しているそうです。島田氏は、文化庁が発行する『宗教年鑑』のデータを基に、宗教離れの例を紹介しています。例えば、昭和63年(1988年)には神道系信者が9,618万人いたのに対して、令和元年(2019年)には8,009万人に減少しています。これは比較的まだ少ない減少率ですが、仏教系の場合は同じ昭和63年に8,667万人の信者がいたのに対して令和元年には4,724万人と46％も減少しています。

　この現象の理由について島田氏は、「死生観の変化」とその背景にある「長寿化」を指摘しています。科学技術の発達が今のような高度な水準になかった時代は、食料事情の悪さや低い公衆衛生の状況や、医学薬学のレベルの低さなどから、病気や怪我をしても治らない場合や、地震や台風や火災などの自然災害に備える術も弱く、また政治の安定感にも欠いている場合はなおのこと、多くの人は短命でした。しかも生きている間は、政治面や経済面などで、苦しい生活を余儀なくされることも多く、死んだ後の来生に救いを求める考えが受け入れられていました。仏教では浄土系(浄土宗や浄土真宗などの宗派)の「来生信仰」[1]がその典型的なもので、ユダヤ・キリスト・イスラムの一神教系であれば、「最後の審判」[2]が描く「天国と地獄」がこれに該当します。

　また「現世利益信仰」を中心とする天理教や創価学会のような宗教でも、信者の減少が見られるそうですが、同様に長寿が可能になったことにより、改めて生きている間に何か頼るべきものを必要としない人達が、増加していることによるものと思われます。戦争や政変や失業や貧困や感染症の蔓延など、社会の安定を揺るがす事態が生じない

限りは、現代人は無宗教のままでも生きていけると感じている人が多いのかもしれません。

　このような宗教離れは、平和構築との関係では何か影響があるのでしょうか。いくつか懸念されることがあります。一つは宗教を通じて形成されていた「共同体」の喪失あるいは弱体化です。共同体が喪失あるいは弱体化すれば、これまで同じ宗教・宗派に所属していた人たちどうしの繋がりが希薄になりますので、「相互扶助」機能も弱くなり、信者の社会的孤立を生むのではないかと思います。宗教的共同体の代わりになる何かがあれば、さほど困ることもないと思いますが、そうでなければ社会における精神的安定度が低くなるかもしれませんし、他者に対する「思いやり」も低下するかもしれません。

　もう一つは、人間が傲慢になるのではないかという懸念です。宗教が機能し、人が人間を超越した存在である神を信じ、また恐れ、死後の世界で満たされた生活を得るためには、神の教えに従い、善行を積むことが期待されましたが、もはや来世や現世のことを心配しなくてもよい環境になりますと、神の怒りや罰を恐れる必要もなくなりますので、本来は慎むべきことを躊躇なくやってしまう可能性も出てくるような気がします。近年の国際的現象である悪意を持ったサイバー犯罪や、国内外で繰り広げられる、SNSを使った根拠も希薄で、匿名で投稿される他者に対する誹謗中傷の数々や、偽情報を基に人を陥れ金品を奪おうとする悪人の増加のような事態の増加の背景には、宗教が一定程度与えてきた、人としてのあるべき倫理や道徳を学ぶ機会が減り、また家庭や学校や地域での教育力も低下して、このような人達の発生や暴走を食い止めることができないでいるということかもしれません。このような人達が増加すると、己の欲望を満たすために、他者を侵害する行為が多発するようになるかもしれません。

　では平和の構築という観点から見て、今後の宗教はどうあるべきなのでしょうか。一つできることは、各宗教の教義と伝統は維持しなが

らも、現代の人達が求めているものに、その教えを「現代化」することにあると思われます。そのためには現代の人達と対話する機会を増やし、必要としているものが何かを知ることから始めることになります。日本の仏教界では、人口減少により檀家数も減り、故郷を離れて住む人の増加から先祖代々の墓を守ることができないため、「墓じまい」をする人が増えていますし、寺の家族が代々その寺を継承できない場合が出ていますので、寺との関係も伝統的な意味で維持することは困難になっています。

　このような変化に対応するために、寺の住職も複数の寺院を兼務する形も登場し、墓に代わるものとして「納骨堂」を整備して、遠隔地の信者にもインターネットを通じた参拝を可能にするサービスの提供をするような寺もあります。またこれまで不明瞭であった、各種法事に対する「布施」の金額も明示して信者の安心を得る、あるいは宿坊を整備して、合宿形式で信者が人生に向き合う手助けをする、信者の日々の生活に仏教の教えがどのように関わるかを法話の形で、しかも多忙や居住地の距離の問題から直接寺で聴けない人のためには、ネット配信で紹介するなど様々な工夫を見ることができます。寺の現代化により、仏教を生きる指針として活かそうとする人が増えれば、宗教本来の持つ「人の救済」機能を取り戻し、それに伴って「利他の心」あるいは「奉仕の心」を持つ人も増え、その結果より平和な世界が築かれるかもしれません。

　もう一つできることは、宗教界が横の連携を持ち、相互理解を深め、世界から争いがなくなるように協働して、信者とその人達が所属する国々に働きかけることです。この考えは既に実行されており、その役割を国際NGOの「世界宗教者会議」(RFP：Religions for Peace もしくはWCRP：World Conference forReligions for Peace)が担っています。この会議体は、1969年にトルコのイスタンブールで準備が始まり、1970年に京都で第１回国際会議が開催されて以来54年の歴史があ

りますが、これまで26回の世界大会が行われています。

　その目的は「国際諸宗教の叡智を集結し、平和構築活動を行う」とされています(公益財団法人世界宗教者平和会議日本委員会ホームページ)。この組織の国際事務局はニューヨークにあり、対話や和解の促進・気候変動への対処・災害復興支援など多様な世界の課題の解決を目指して、宗教者が連帯して取り組んでいます。このような世界的な宗教者のネットワークと活動が、宗教に直接関わりを持つ人ばかりでなく、その趣旨に賛同する一般の人達との絆も作り、より平和な世界の構築に役立っていると思われます。

(注)

1) 来世信仰：死後の世界のことで、仏教の極楽浄土のような所で安らかな永遠の命を享受することを信じること。

2) 最後の審判：ユダヤ・キリスト・イスラム教において、世界が終焉を迎える時に、死者が生前の行いを基に、天国か地獄かへ振り分けられる審判を指す。

第六章　平和な未来のために

平和は微笑みから始まります

Mother Theresa

これまで平和に関係する様々な事柄を見てきました。争いの原因と現時点での一般的解決策、人の絆を築いてきた先人たちの事例、平和構築に関係する諸分野のことです。これらを通じて学んだことを踏まえて、平和な未来を築くために、私たちはこれからどのような姿勢や理念や目標を持ち、それをどのように具体化していけば良いかを、世界の現状を踏まえて考察してみます。

第一節　姿勢・理念

　平和な未来を築く出発点となる姿勢は、絶え間ない争いの連続と犠牲者の発生にも関わらず、「人類は進歩している」という信念を持つことだと思います。闇の中に「一条の光」を求めて前進するようなものかもしれませんが、どんなに前途に障害があろうとも、この揺るぎない信念を持ち続け、日々努力することがより平和な世界を築く原動力になります。

　人間が約700万年前に地球に誕生して以来、長い時間の流れの中で、私たちはどのように「進歩」してきたのでしょうか。社会的視点で見ますと、人間は家族を形成し、やがて他の家族も含めて生活する共同体を作り、その活動空間が広がるにつれて、都市や国家を生成し、市民や国民という存在へと発展し、国家間の関りが増えると国際機関を設立し、共通の課題に取り組むようになりました。

　この社会生成の流れの中で、秩序と安定を保ち発展する社会生活を営めるように、政治制度や法律体系を整え、経済システムをより効果的で産業の発展を促すように改善してきました。

　そしてこのような人間社会の発展を促進するために、学問と教育を通じて知識を拡充し人を育て、社会の運営を改革し、科学技術を人間生活の向上のために用いてきました。社会の望ましいあり方は政治と

経済の面で試行錯誤しながら、様々な思想の下でいくつかの制度が生み出され、近代国家が生まれてきました。また科学技術のお陰で、人間は道具を生み出し、生産方法を改善し、危険な重労働を軽減し、居住環境もより安全で快適なものになり、健康を守る医療も進歩し、寿命もだんだん長くなってきました。

　政治制度については、古代エジプトやフランスのブルボン王朝のように、神の付託を受けた絶対的存在としての国王の下で行われる「専制政治」もあれば、中世ヨーロッパや日本の武家政権のように、中心となる有力貴族や将軍のような人の周りに契約によって主従関係を結んだ「封建領主」「大名」のような制度の下で行われる政治もありました。このような時代は一般市民の置かれた立場は弱く、納税や兵役の提供や移動の制限など不自由なものでしたが、ヨーロッパの自然法思想や社会契約論に裏づけられて市民革命が起き、近代民主国家が誕生するようになり、基本的人権が保障ないし実現努力がなされるように変化してきました。国際政治においても、個々の主権国家の行動を調整し、国際的な諸問題を協議によって解決しようとする国際連盟や国際連合が誕生し、強制力を欠く難点はあるものの昔日のバラバラの動きには、一定の制限を加えることができるようになってきています。

　経済システムについては、人間生活は必要とする物の物々交換に始まり、人の生活空間が商取引や移動を通じて広がると、貨幣経済が生まれ、商工業の発達と遠隔地との貿易により経済活動が拡大し、産業革命の技術革新により生産力が向上していきました。その後、余剰資本が国外に投下され、帝国主義による植民地経営という負の側面を生んだ時期や、資本主義の弊害と専制政治への反発から、社会主義経済が生まれ新たな社会実験が行われた時期もありますが、経済全体は資本主義(市場主義)を基本とする構造で発展を遂げてきました。資本主義の問題点を改善するために、世界銀行や国際通貨基金や国際貿易機関のような国際機関が設立され、通貨問題や貿易問題での調整を行い

ながら、調和的な国際経済の発展に取り組んでいます。

　科学技術の進歩は、人間生活に様々な変化をもたらしてきました。毒ガスや細菌兵器や核兵器のように、科学技術が人間を不幸にするものに使われる負の側面もありますが、全体として見れば科学技術の進歩が人間生活の改善向上に寄与している点が大きいと思われます。日々の生活でなくてはならない電気・ガス・石油のようなエネルギーの生産と利用にしても、車や列車や航空機のような移動手段にしても、通信に必要な電話やインターネットの仕組みにしても、科学技術の進歩がなければ実現していないものです。また、人間の命を守り健康を促進する医療分野でも、医療機器の開発にしても創薬にしても、日々変化する科学技術の知識と技術に裏づけられています。

　上記は、政治・経済・科学技術の三分野のみを取り上げ概観したものですが、どの分野をとっても多少のマイナス面は存在するものの、人類全体の歩みとしてはプラスの方向へ進んでいると思われるのです。ただ人類史を振り返りますと、上記のような歩みをたどりながらも、常に人を傷つけ不幸にするような争いが、絶え間なく続いてきたことも事実です。このような過去と現在に及ぶ厳然たる事実の前には、「人間は何万年たとうが本質は同じ野蛮な存在」と思えるのも無理からぬことです。それでも私達は、「諦めないで平和な世界を構築するために、日々努力する」ことを忘れてはいけないと思います。

　では平和な未来を築くための「理念」は、どうあるべきなのでしょうか。その答えは、「善の創造と循環」にあると考えます。その理念を支えるものは「利他の心」と「他者への奉仕」です。この理念に基づく平和構築努力が生み出すものは、関係者間の「感謝」・「信頼」・「敬愛」の情です。人はその人生航路において、置かれた環境や出会う人との関係において、幸福にもなれば不幸にもなります。順風の航路では問題はありませんが、逆風の航路では様々な苦しみが待ち受けています。その様な折に、手を差し伸べてくれる人がいて、窮地を救っ

第六章　平和な未来のために

てくれたら、どんなにか有難く、その恩は忘れがたいものになり、相手が困っていたら返礼のために何か役に立つことをしてあげようとするのは、一般的な人間の心です。このような善の創造と循環の事例は、これまで既に見たとおりです。

　先述したアフガニスタンとパキスタンの医療と水事業に多大な貢献をした中村医師を支えたものは、「利他の心」と「他者への奉仕」ですが、二つの事業を通じて中村医師が感じた下記の言葉に、これら「善の創造と循環」の理念を支える二つの心の生み出した成果を見出すことができます。

> 「信頼」は一朝にして築かれるものではない。利害を超え、忍耐を重ね、裏切られても裏切り返さない誠実さこそが、人々の心に触れる。それは武力以上に強固な安全を提供してくれ、人々を動かすことができる。
> （中村、前掲、p.244）

　これは中村医師が長年にわたって、様々な困難に直面しながらも、現実から逃げず、全身全霊でアフガニスタンとパキスタンの人々の医療と水の問題に立ち向かってきたことが、両国国民の深い感謝と敬愛の情を育み、結果として中村医師に対する全幅の信頼を勝ち取ることになったことを示しています。この信頼こそが最大の安全保障となり、平和な世界が築かれる基になることがわかります。

　京都の国際企業「京セラ」の創業者の稲盛和夫氏の経営理念は、「共に生きる」で、その指針として「社会との共生」・「世界との共生」・「自然との共生」を掲げています。この経営理念を貫くものは「利他の心」と、他者が求めるものを提供することで自らの利益も得る「利自の心」です。そのための「人の心のつながり」を重視しています。この考えの下に事業の原理原則を、「人と社会の役に立つ」こととし、「人間と

して正しい倫理観や道徳観」という、普遍的判断基準の大切さを訴えています。

　このことを稲盛氏の著書『生き方－人間として一番大切なこと－』（サンマーク出版、2004年）の中で、江戸時代の思想家・石田梅岩の「自利利他」の考えを紹介する形で述べています（p.179）。近江商人の「三方良し」、即ち、商売は「客にとって良し」、「売り手にとって良し」、そして「社会にとって良し」の商業哲学と同じです。

　また、「善の循環」について、同著の中で中国明代の書『菜根譚』（さいこんたん）にある、「善を為すもその益を見ざるは、草裡の東瓜のごとし」を紹介し、善行の報いは草むらの瓜のようなもので、目には見えなくても、おのずと成長していることを示すことで、「日々の善行の積み重ね」の大切さを訴えています（p,218）。そして、「共生」と「善の積み重ね」を総括した生き方として、「感謝・誠実・勤勉・素直な心・謙虚さ・怨み妬みのない心・利他の精神」を持ち行動することが、人間を幸福にすると指摘しています（p.221）。世界の平和構築のための理念を示す良い例だと思います。

第二節　世界の状況

　世界の置かれた状況は、「平和」からはかけ離れています。ロシアのウクライナへの侵略戦争、イスラエルとパレスチナの戦い、北朝鮮のミサイル・核兵器開発の継続と拡充並びにロシアへの軍事支援のように武力を伴う紛争があります。また、中国の台湾への威嚇行動や、日本を含む近隣諸国への政治的経済的圧力、アメリカの国民の分断と民主政治の弱体化、フランスとドイツの極右政党の台頭や内閣不成立など国内政治の不安定さも目立ちます。そして、このような状況に備えるために、各国で進む軍事力強化の動きと、それを支えるための莫大

な財政支出と増税による国民生活の圧迫など、秩序のある安定した平和な生活を送ることを困難にする障害が多数存在しています。

しかしながら、世界が直面している共通の課題に立ち向かうには、対立や分断による秩序の崩壊や物理的環境の破壊と人命の損耗を、防がなくてはならないのです。地球温暖化の深刻化による世界的規模での異常気象と、それによる台風・豪雨・猛暑などによる水害、農産物の生産減、死者の増加をはじめ、石油に代わる代替エネルギーの確保、水資源の枯渇防止、人口爆発による食糧問題の解決など、人類が世界規模で協力しなければ対処できないことが多数存在しています。

現在から未来に向けて人類が生存を続けるためには、世界の国々が争っている時ではないことを深く理解し、国民一人一人が相互依存で成り立っている世界の構造を認識しなければなりません。

そしてお互いに対話を通じて何をどうすればよいかを協議し、協働作業を通じて課題の解決に取り組むことを実現していかなければなりません。

このような世界の状況に対して、国際機関や国家グループや民間の団体などが、課題ごとに協同で対処する取り組みもありますので、このような国際協力をさらに広げて、様々な課題に共同対処することが人類の破滅を防ぐことになるでしょう。例えば、国際機関の世界銀行やアジア開発銀行などは、金融面で各国の抱える開発課題を支援し、国際通貨基金は各国の財政状況を見ながら、必要に応じて資金を供給し財政破綻を防止したりしています。またEU（ヨーロッパ連合）やASEAN（東南アジア諸国連合）は、地域の政治経済社会問題を共通の課題として、可能な限り足並みをそろえて対処しています。さらに民間のNGOやNPOが、世界各地で市民の求める支援を提供することで、食料や医療や教育など人間の生存に必要な条件を満たす努力をしています。

第三節　平和構築の取り組み

1．3つのアプローチ

　平和構築の姿勢と理念、そして世界の現状を踏まえて、今後の私たちは平和な未来を作るために、どのようなことを行えばよいかを考えます。どの取り組みを考える場合も、先述した3つの視点からのアプローチが必要です。つまり、「多面的」・「重層的」・「横断的」アプローチです。この3つの条件を満たしながら、世界の人々の間に相互の存在や協働に対する、「感謝」・「信頼」・「敬愛」の情で結ばれた「良き絆」が築かれることが、平和な未来を築く推進力になると確信します。

　多面的アプローチの意味することは、先述した教育・文化・スポーツ・学術分野のように、多方面の国際交流が紡ぐ絆の形成です。重層的アプローチは、年齢や性別や民族や宗教など個人の属性の違いに関わらず行う国際交流が生み出す絆の形成のことです。さらに横断的アプローチは、個人・団体・地方自治体・中央政府・国際機関による国際協力や支援が交差する形での絆の形成を意味しています。そして、この3つのアプローチが継続して行われることで、その平和構築への効果が高まると予想されます。

　そして、これらの交流によって生じる様々な経験と、その経験から生まれる様々な物の見方や感情について、バランスのとれた見方に基づく絆を形成することが大切だと思います。つまり交流によって生じるプラスの感情とマイナスの感情を、冷静に見つめ何故そのように思うのかを見出すことができること、相手の立場から見る共感的な理解を得ることができること、そしてどうすることが双方の信頼や敬愛の情を深めて行くことに繋がるのかを、考えることができることが必要だと思います。

２．教 育

　平和構築における最も重要な営みは「教育」だと思います。ガルトゥング氏がその著書で、ユネスコの「暴力についてのセビリア声明」を結ぶ最後の部分「戦争が人間の心の中で起こるように、平和もまた人間の心の中で起こる。戦争を生み出した人間は、平和を生み出すこともできる」(ガルトゥング、前掲、p.169)を紹介していることが物語るように、人間は平和を作る能力を持っているのです。そしてこの能力は「教育」によって育てることができると確信します。

　人は生まれながらにして「悪人」ではありません。生まれた時は皆「善人」なのです。この善人が現世で日を重ね、成長するにつれて「悪人」になり、人を傷つけることを厭わないようになるのは何故でしょうか。そこには環境要因と経験の内容の違いが影響しているように思われます。環境要因には家庭の問題と居住地域(自治体と国家)の問題が影響しています。家庭の問題としては、貧困や家庭内の暴力や愛情の欠如などが負の要員として考えられます。貧しいために学ぶ機会も制限され、本来の能力を伸ばすことができない場合や、暴力を受け愛情が欠けている中で、他者を信頼することも友好的関係を築くこともできなくなる場合がそうです。また居住している地域の秩序と安全が保障されておらず、常に暴力や破壊の中で暮らすことを余儀なくされた場合は、生き延びるためには窃盗でも殺人でも、何でもやるような精神状況に追い込まれてしまうこともあり得るでしょう。

　次に生育環境に特に問題がない場合でも、その人が成長の過程でどんな経験をするかで悪人への道を歩むことになる可能性もあります。その経験の中には、誰に出会い、どんな関わりを持ち、そこから何を感じ、どのような価値観や行動習慣を築いたかが含まれます。中国由来の古い諺に「朱に交われば赤くなる」がありますが、人は誰と交わりどんな経験をするかで、良くも悪くもなるという意味ですが、人の成

長における経験要因の大切さを示しています。

　上記のような環境要因と経験要因を克服して、「善人」を育て、世界に暴力や破壊をもたらさないような教育はどうすればよいのでしょうか。教育といっても、家庭と学校と地域が連携して行うことで、その目的が達成されますので、この三者の協働が必要となります。その協働が機能するためには、三者間の対話・コミュニケーションを行い、共通の教育目標を確認し、その目標達成のためにどのような連携がとれるかを確認しながら進めることが肝要です。

　家庭については生活の基盤を安定させるべく、収入が不安定な場合は就労の機会を与えること、就労できるように能力開発を支援すること、ソーシャルワーカーやカウンセラーのサービスを提供すること、自治体と国が資金的補助を与えること、児童相談所やボランティアの支援を得て、子供を保護することなどが、子供を悪の道から遠ざける方法として考えられます。自治体については、子供の成育環境としての地域社会が、安全で安心して暮らせるように、社会の不安定化要因を除去する努力が求められます。産業を育成して雇用を確保し、公園・文化施設・スポーツ施設・交通網・医療機関を整備して、市民生活の利便性を高めるなど、様々な環境改善が求められます。

　学校教育においては、一方で知・徳・体のバランスのとれた教養教育と、他方で個人の特性や希望に合わせた個性教育の両面からの育成が必要です。また個人が安心して学べる人的環境と、物的環境の整備にも意を払う必要があります。平和構築との関係で言えば、まず何をどう教えるかについての教育課程の編成と具体的指導法の点で、下記のような力と心の育成を目指すことが大切と考えます。

　　１）世界を俯瞰できる力
　　２）物事を批判的批評的に分析し考察できる力
　　３）自分の考えをデータと論拠に基づき表現できる力

4）問題を発見し解決できる力
5）多面的総合的に物事を見ることができる力
6）自分のアイデンティティを理解し自信と誇りを持てる力
7）相手の立場を共感的に理解する力
8）困難に直面しても忍耐強く、建設的な解決を目指して取り組む力
9）異民族・異言語・異文化の人達と協働する力
10）既成観念にとらわれないオープンな心
11）新しいことに取り組もうとする心
12）良きことも悪きことも共有できる心

　上記のような力と心を育てるために、初等教育から高等教育に至るまで、それぞれの段階で「外見や言語や文化が異なる人と一緒にいるのが普通と思える経験を得る場を提供すること」・「課題を自ら設定し、調査し、考察し、結論を出す経験」をさせること・「他者と協働して何かをやり遂げる経験を積む場を提供すること」を取り入れた教育を展開することが必要と考えます。
　「異なる人」と触れ合い一緒にいることが「普通」と感じるためには、家庭であれば外国の留学生を短期長期でホームステイさせるとか、地域では地元の運動会や文化祭などの行事に外国人労働者や留学生を招待し、一緒に運営するなり楽しむなり、学校であれば海外研修旅行を実施したり、海外の協定校との学習の成果の交換をしたり、オンラインで会合を開いたりと、様々な工夫をすることで出会いと交流の場を設けることができます。
　自ら問いを立て答えを探す研究の過程で、調査能力や分析・考察能力あるいは批判的批評的能力を養えますので、家庭でも学校でも職場でも、常に身の回りの課題を見つけ、その問題を解決することを奨励することが、国際社会において確かな理解と洞察に基づく、バランスのとれた適切な判断を下せる人材が育成されると思います。

また他者との協働で何かをなしとげる経験、それも異民族・異文化・異言語を持つ外国人労働者や留学生と協働する経験を家庭でも学校でも地域や職場でも持てる場を提供することは、言語や価値観や習慣の違いなどの問題がありますが、それらを我慢強く対話を重ねながら克服し、最終的にそのプロジェクトを完成できた時には、チームの大きい喜びとなり、またチームメンバー間の信頼と敬愛に裏打ちされた友情を生み出すことになると思います。

　これまで述べてきたことの先に、平和な未来の世界が開けていくものと思います。最後にもう一度、「人間は平和を作ることができる存在」であること、つまり人間は悪の側面を持ちつつも、「善の側面」も併せ持つ存在であり、環境や教育によりその側面を強化できることを再確認し、様々な人的交流と教育の営みの中から、「善の創造と循環」に携わる人が増え、その結果として、世界の人々が相互に「感謝」と「信頼」と「敬愛」の情に包まれた「人の絆」のネットワークが広がり、世界の平和な未来が築かれていくことを確信します。

参考文献

AFS日本協会、『AFS高校生留学』、英治出版、1999年.

稲盛和夫、『生き方』、サンマーク出版、2004年

イマヌエル・カント(著)、池内紀(訳)、『永遠平和のために』、集英社、2015年.

緒方貞子、『私の仕事』、草思社、2002年.

オメル・エルトゥール(著)、山本雅男(訳)、『トルコ軍艦エルトゥールル号の海難』、彩流社、2015年.

加来景英、平野健一郎(編)、『21世紀の国際知的交流と日本－日米フルブライト50周年を踏まえて－』、中央公論新社、2002年.

京セラホームページ (https://www.kyocera.co.jp)

近藤健、『もうひとつの日米関係－フルブライト教育交流の40年－』、Japan Times、1992年.

佐高信、高世仁(著)、『中村哲という希望－日本国憲法を実行した男－』、旬報社、2024年.

澤地久枝、中村哲、『人は愛するに足り、真心は信ずるに足る－アフガンとの約束－』、岩波書店、2010年.

塩澤正、ジェリー・カージック、ジョン・ミラー(編)、『留学・国際交流が人生に与える影響』、風媒社、2024年.

公益財団法人「世界宗教者平和会議」日本委員会ホームページ(https://www.wcrp.or.jp)

島田裕巳、「現代人の死生観－もう救いはいらない－」、『現代ビジネス』、講談社、2020年9月5日号.

周恩来思想事績研究会、『周恩来の言葉』、グローバル科学文化出版、2019年.

周恩来(著)、矢吹晋(監)、鈴木博(訳)、『周恩来十九歳の東京日記』、デコ、2022年.

須賀しのぶ、『また、桜の国で』、祥伝社、2019年.

セヴリーヌ・オトセール(著)、山田文(訳)、『平和をつくる方法－ふつうの人たちのすごい戦略－』、柏書房、2023年.

中村哲、『天、共に在り』、NHK出版、2013年.

日本経済新聞、2024年12月9日及び13日記事.

日本平和学会(編)、『平和を考えるための100冊＋α』、日本平和学会、2014年.

樋口季一郎、『陸軍中将　樋口季一朗回想録』、復刻版、啓文社、2022年.

広岩近広(編)、『わたしの平和と戦争』、集英社、2016年.

古江孝治、『杉原千畝の実像』、ミルトス、2020年.

ベティ・リアドン、アリシア・カベスード(著)、藤田秀雄、淺川和也(監訳)、『戦争をなくすための平和教育－暴力の文化から平和の文化へ－』、明石書店、2005年.

前川仁之、『人類1万年の歩みに学ぶ平和道』、集英社、2024年.

恵隆之介、『敵兵を救助せよ』、草思社、2006年.

恵隆之介、『海の武士道』、潮書房講光人新社、2023年.

李海文(著)、村田忠禧(訳)、『周恩来の足跡－中国を救い世界を魅了した生涯－』、社会評論社、2023年.

山内昌之(編)、『世界の民族・宗教地図』、日本経済新聞社、1996年.

山田邦紀、坂本俊夫、『東の太陽、西の新月』、現代書館、2007年.

山田邦紀、『ポーランド孤児・「桜咲く国」がつないだ765人の命』、増補改訂版、現代書館、2021年.

ヨハン・ガルトゥング、『日本人のための平和論』、ダイヤモンド社、2017年.

ヨハン・ガルトゥング(著)、藤田明史(編訳)、『ガルトゥング平和学の基礎』、法律文化社、2019年.

王敏、『嵐山の周恩来 －日本忘れまじ－』、三和書籍、2019年.

王敏、『周恩来と日本－日本留学の平和遺産－』、三和書籍、2022年.

Sam Falle, *My Lucky Life: In War, Revolution, Peace and Diplomacy*, Book Guild Publishing, 1996.

Craig L. Symonds, *Nimitz at war*, Oxford University Press, 2022.

参考文献

Phil Zuckerman,「世界全体で宗教の衰退が起きている」、L'EXPRESS, 2023年9月20日号インタビュー記事.

公益財団法人AFS日本協会 (https://www.afs.or.jp)

The AFS Foundation (https://afs.foundation)

Amnesty International Japan (https://www.amnesty.or.jp)

外務省 (https://www.mofa.go.jp)

国際連合教育科学文化機関 (UNESCO)(https://www/unesco.org)

国際連合高等難民弁務官事務所 (UNHCR)(https://www.japanforunhcr.org)

国際連合広報センター (https://www.unic.or.jp)

赤十字国際委員会 (ICRC) (https://jp.icrc.org)

内閣府NPOホームページ (https://www.npo-homepage.go.jp)

日米教育委員会 (https://fulbright.jp)

日本国際協力機構 (JICA) (https://www.jica.go.jp)

日本赤十字社 (JRC) (https://www.jrc.or.jp)

Japan Platform (https://www.japanplatform.org)

公益社団法人日本ユネスコ協会連盟 (https://www.unesco.or.jp)

フルブライト委員会 (https://www.fulbrightprogram.org)

Peace Winds Japan (https://peace-winds.org)

Save the Children Japan (https://www.savechilren.or.jp)

おわりに

　本書を執筆する動機は、近年の世界の戦争や内乱や難民の発生のように、人の生活を破壊し、傷つけ、不幸に陥れる事件があまりにも多いことに怒りと失望を覚えたことにありました。人間はどうしてこんなにも愚かなのか。歴史を重ねても反省もせず、相変わらず争いを繰り返している。何とかならないものかとの想いがつのり、少年の頃から抱いてきた平和への願いを実現できる術はないものかと、自問自答した結果として取り組んだものが本書です。

　この素朴な願いの答えを探求するにあたって考えたことは、人類は進歩しているのかいないのかと、これまで世界の人々は平和の構築のために、どんな努力をしてきたのか、その成果はどうだったのか、これから平和な未来を作るために私たちにできることは何なのかということでした。これらの問に対し、個人・団体・国際機関という対象を選び、留学のような人的交流や難民保護や開発支援のような組織的取り組みを確認し、その様々な事例を学ぶ中から、今後の私たちが目指すべき方向と取り組むべき課題を見出すことができました。

　全体を通してわかったことは、当初予想したように、多くの理不尽かつ無益な争いがあり、そのために不幸な人生を強いられる人たちがいても、人類全体の歩みとしては「進歩している」ということでした。これは人間の歴史が記録されるようになってから後に、人間がどのような社会を作り生活してきたかを、その足跡をたどることで確認できました。

　国王や皇帝を頂点にいただき、階級制度が人を支配していた不自由な暮らしから、あまたの戦いや議論を経て、徐々に平等で人権が保障される民主的な国家へと変化させてきましたし、物やサービスの生産・流通・消費がより効率的かつ効果的に行われる経済システムも産み出してきました。また、人間生活をより豊かにする科学技術を発達させ、

労働負荷の軽減や安全性の向上、災害からの防御、医療水準の高度化、通信や輸送の高速化など、人間生活のあらゆる面に使い方を誤らなければ良い影響を与えてきました。さらに人間の能力を引き出し、成長に寄与するための学校教育制度も整え、老人や障害を持つ人たちを支援する福祉を充実させるなど、あらゆる側面で人間生活の改善が見られます。

平和な世界の構築という面で見ても、国際社会の抱える諸問題に世界全体で対処するための、国際連盟や国際連合のような組織を設立して対応してきましたし、連携する専門機関の力も含めて問題の解決をはかろうと努力しています。また教育・スポーツ・文化・学術分野を通じて、国際的な人の交流の輪が広がり、相互理解を深め、世界の共通課題に協働できるような土壌も一層整備されてきています。

このように見てきますと、人類には闇を照らす「一条の光」が差し込んでおり、未来に向かって時には左右に揺れ、場合によっては後ろに下がることがあったとしても、長期的な趨勢で見ると、より良い方向へ前進していると思えます。

この未来を照らす一条の光を拡散し、より明るい平和な未来を作るために、本論の中で先駆者たちが既にその有効性を示している「善の創造と循環」を日々の生活の中で実践していくことが、平和な世界の創造には不可欠であると思います。それを実践するにあたり、「利他の心」と「他者への奉仕の心」を基礎にして、より多くの多様な人達との交流を通じて、相互理解を深め、お互いの存在に対し「感謝」と「信頼」と「敬愛」の情を感じながら、共存共栄をはかっていくことが必要です。

平和な未来は、人間の善性と進歩を信じる、私たちの日々の国際的交流の絆の中にあることを心に留めて、ご一緒に読者の皆様が歩んでくださることを願って、本書を閉じます。

最後に、本書の出版にあたり、編集・出版の労をおとりいただいた一粒社の絹川周作氏に、心から感謝を申し上げます。

〈著者略歴〉

佐 藤 勇 治 (さとう ゆうじ)

1954年熊本県生まれ。
上智大学卒、福岡大学大学院、ミネソタ大学大学院修了。
トヨタ自動車にて部品の国際調達業務に従事後、福岡県立高校、久留米工業高等専門学校での教育・研究活動を経て、現在は熊本学園大学外国語学部教授。
専門はスピーチコミュニケーション、異文化コミュニケーション、異文化理解論。高校時代にAFS留学生としてアメリカ・ミネソタ州のAustin高校に学び、大学院はフルブライト留学生としてオクラホマ大学大学院とミネソタ大学大学院に学ぶ。国際ビジネスの経験の他に、大学での留学生教育、国際交流委員長としての海外協定校の開拓や交流促進を行い、外国語学部長も務めた。
学外では熊本市国際交流振興事業団理事、熊本国際教育を進める会会長などを務めた。これまで訪問した国は20か国、仕事や国際交流などで関係した人たちは約30か国に及ぶ。

平和への道
— 国際交流の絆 —

2025年3月1日　第1版第1刷発行

著　者　佐　藤　勇　治

発行者　宮　原　健太郎

発行所　一　粒　書　房
〒475-0837　愛知県半田市有楽町7丁目148番1号
電話　0569 (21) 2130
https://www.syobou.com

編集・印刷・製本　有限会社 一 粒 社
本書の全部または一部の無断複写・転載を禁じます
落丁・乱丁はお取替えいたします

©2025 Yuji Sato
Printed in Japan

ISBN978-4-86743-322-5 C1037